AF460320

PARIS THÉATRAL

RECUEIL DE PIECES NOUVELLES

ET PANTOMIMES.

POUGATSCHEFF,

Épisode de l'Histoire de Russie, mélodrame en trois actes et quatorze tableaux,

DE MM. FABRICE LABROUSSE ET ALBERT.

PRIX : 60 CENTIMES.

PARIS.

DECHAUME, LIBRAIRE-ÉDITEUR, RUE CHARLOT, 57.

1853

DECHAUME, Éditeur de PARIS DRAMATIQUE, rue Charlot, 57.

POUGATSCHEFF

ÉPISODE DE L'HISTOIRE DE RUSSIE

MÉLODRAME EN TROIS ACTES ET QUATORZE TABLEAUX

DE MM. F. LABROUSSE ET ALBERT

Musique de M. FESSY, Ballets de M. HONORÉ,

REPRÉSENTÉ, POUR LA PREMIÈRE FOIS, A PARIS, SUR LE THÉATRE NATIONAL (ANCIEN CIRQUE), LE 21 JUIN 1853.

PERSONNAGES.	ACTEURS.	PERSONNAGES.	ACTEURS.
POUGATSCHEFF..........	MM. COULOMBIER.	MICALEFF, POLO, }	NERAUT.
TARTANAC..............	PASTELOT.	SOKOLOFF..............	PREVOST.
ZOURINE................	COCHET.	PREMIER CONSEILLER.....	POTONNIER.
MICHAEL...............	LAREY.	DEUXIÈME CONSEILLER...	MONET.
ANDRÉ GRINEFF..........	BOILEAU.	UN BOURGEOIS..........	DARCOURT.
MIRONOFF...............	THÉOL.	UN GARÇON PERRUQUIÉR..	DOUTREVILLE.
YVAN..................	ARTHUR.	LE PRÉSIDENT, SAVELITCH, }	ALPHONSE.
PANIN, MAXIMITCH, }	TOURNON.	PREMIER ACHETEUR......	
NIKOLESKO, UN BOSSU, }	BRICHARD.	DEUXIÈME ACHETEUR.....	
GARRASSIM.............	NOEL.	UN SERGENT............	
BALBASTRE..............	BOITUZET.	CATHERINE II...........	Mmes USANNAZ.
PIOTR..................	GERPRÉ.	MARIE................	SEN.
GREGORI................	ACHILLE.	TACHINKA..............	CLÉMENCE.
BELODOROFF............	FÉLIX.	VASSILISSA............	CHEZA.
LE GOUVERNEUR d'Orembourg..................	BREMONT.	AKOULINA.............	FOLLET.
KALOUGA...............	BENJAMIN.		

Tartares, Officiers, Cosaques, Serfs, Paysans.

L'action se passe en Russie en 1773.

ACTE I.

En Russie. Dans un château situé dans le gouvernement de Simbirsk. Un salon avec ameublement du temps de Catherine II.

SCENE PREMIERE.

TARTANAC, MICHAEL, *ils font des armes; puis* ZOURINE.

TARTANAC. Foi de Gascon, mon cher élève, ça ne va pas mal, mais ça pourrait aller mieux!... Asseyez-vous sur la jambe gauche!...

MICHAEL. Voilà!...

TARTANAC. La position effacée, la tête en arrière!... les ongles en dessus, et la pointe à la hauteur de l'œil de votre adversaire. C'est bien... A moi, maintenant... (*Ils engagent quelques passes.*) Bien!... très-bien!... Touché!... mais le cercle était trop large et la riposte pas assez vive... Recommençons le coup, et touchez-moi en prime. Très-bien! Un coup de quarte basse, maintenant. (*Nouvelles passes.*) Ça y est. Très-bien!

ZOURINE, *qui est entré.* Mais oui, très-bien! Et je crois, Dieu me damne, que, moi, Zourine, je ne ferais pas mieux que le jeune seigneur Michaël Grineff! élève de monsieur le Français Tartanac...

TARTANAC. J'aime à avoir cette conviction... vous n'aviez qu'à prendre un Gascon pour maître d'armes!

ZOURINE. Je n'étais pas assez riche pour cela.

TARTANAC. C'est possible, mon capitaine.

ZOURINE. Cependant, rassurez-vous! Je m'en tirerais encore assez bien... Et si je n'étais forcé de continuer ma route vers Simbirsk, nous pourrions faire ensemble quelques passes.

TARTANAC. Vous partez?

ZOURINE. Oui...

MICHAEL. Je pensais que vous resteriez quelques jours encore dans le château de mon père... Il est vrai qu'on ne s'y amuse pas beaucoup: on est retiré au fond de cette province, loin de la ville...

ZOURINE. C'est possible, mais on trouve ici des dédommagements. Depuis que je suis arrivé avec ma compagnie qui campe aux environs, et que vous m'avez donné une large hospitalité, je n'ai pas éprouvé un seul moment d'ennui... Vous vous rendrez bientôt sous le drapeau, jeune homme, et plus d'une fois, vous demanderez au ciel un gîte pareil à celui-ci!

TARTANAC. A la guerre comme à la guerre!

ZOURINE. Vous en parlez à votre aise, Gascon.

TARTANAC. J'en parle comme quelqu'un qui a cultivé cette fleur, capitaine.

MICHAEL, *à Zourine.* Ah çà! je vous dois une revanche...

ZOURINE. A quoi donc?

MICHAEL. Mais, au billard... Je vous ai battu la dernière fois.

ZOURINE. C'est vrai!

TARTANAC. Je crois bien.

ZOURINE. Ah! monsieur Tartanac est d'une force à me mépriser à ce jeu-là!

TARTANAC. Vous ne jouez pas.

ZOURINE. Vous m'avez pourtant autorisé à donner des leçons à votre élève.

TARTANAC. Par déférence et pour ménager votre amour-propre... Le billard!... les hommes du nord, n'y entendent rien... c'est mou, c'est tiède, c'est flasque!... Les hommes du midi! ça fait rouler les billes à mettre le feu au tapis!... Tenez, dernièrement, j'ai fait une partie avec des billes de neige contre des billes d'ivoire. Eh bien! j'ai gagné et j'en ai laissé dix pour le garçon. (*Il sort.*)

ZOURINE. Diable de Gascon, va!...

MICHAEL. Capitaine, si je n'étais pas inscrit dans le régiment Séménofski, je demanderais à servir avec vous.

ZOURINE. Et vous feriez bien!... Nous autres, nous parcourons toute la Russie!... Nous sommes pour ainsi dire des partisans, et, quand nous n'avons pas la bataille, mille aventures se présentent pour nous tenir en mouvement.

MICHAEL. Oh! j'espère bien que je ne m'ennuierai pas au régiment... D'ailleurs, j'ai envie de voir Moscou, Pétersbourg...

TACHINKA, *qui est entrée.* Et de nous quitter, n'est-ce pas?

SCÈNE II.

LES MÊMES, TACHINKA.

MICHAEL. Envie de vous quitter! oh! ma sœur, ce n'est pas bien ce que tu dis là... Tu sais si je vous aime, mon père et toi... Où est-il donc, mon père?

TACHINKA. Je croyais le trouver ici...

MICHAEL. Il est préoccupé depuis quelques jours... cela m'inquiète...

ZOURINE. Eh bien! venez; nous allons livrer bataille sur le billard et cela vous distraira.

MICHAEL. Soit. (*Il sort avec Zourine.*)

SCENE III.

TACHINKA *seule, puis* ANDRÉ GRINEFF.

TACHINKA. Je sais bien ce qui préoccupe mon père, c'est l'avenir de Michaïl dont il lui coûte de se séparer, mais le moment lui semble venu de prendre une résolution. Le voici...

ANDRÉ, *entrant une lettre à la main. A un domestique.* Dites au Français qu'il vienne me parler... (*A Tachinka.*) Eh bien, ma fille, nous allons rester seuls.

TACHINKA. Mon frère...

ANDRÉ. Ton frère va partir...

TACHINKA. Bientôt?

ANDRÉ. Aujourd'hui... Dans les situations nécessaires, le mieux est de se décider promptement... Ne crois pas que je sois insensible à ce départ; mais ton frère a vingt ans: il est soldat comme je l'ai été moi-même, et je ne veux pas que sa carrière soit retardée... Depuis que nous avons perdu ta mère, nous avons vécu dans la pensée que je resterais ici seul avec toi, résignons-nous; Michaël nous reviendra, mais il doit s'éloigner... il prendrait, en restant plus longtemps, des habitudes qui nuiraient à son avancement.

TACHINKA. Et où va-t-il?... à Saint-Pétersbourg ou à Moscou?...

ANDRÉ. Non... à Orenbourg... Lis cette lettre que j'écris à un de mes vieux compagnons d'armes, à mon meilleur ami.

TACHINKA, *lisant.* « Mon cher général,
» voici mon fils Michaël Grineff que j'envoie
» à Orenbourg où vous commandez. Je ne
» veux pas qu'il aille s'endormir dans quel-
» que garnison, et je sais qu'avec vous le
» travail ne manquera pas... Je le recom-
» mande à vos bons soins et surtout à votre
» sévérité. Remplacez-moi dans toute mon
» autorité paternelle; ce sera me donner une
» nouvelle et cordiale preuve de cette amitié
» qui nous unit depuis si longtemps. Votre
» vieux camarade: major André Grineff. —
» A son excellence André Karlowitch, à Oren-
» bourg.

ANDRÉ. Ce bon Allemand est devenu russe par les services qu'il a rendus à ce pays, et je sais à quel point je puis compter sur lui... J'ai fait prier le Français de venir me parler.

SCENE IV.

ANDRÉ, GRINEFF, TACHINKA, TARTANAC.

ANDRÉ, *à Tartanac.* Ah! vous voilà, monsieur?... Eh bien, nous allons nous séparer... Je vous remercie des soins que vous avez donnés à mon fils... mais, il nous quitte, et j'ai réglé notre compte.

TARTANAC. Très-bien, major, Tenez, allons au fait... je ne veux pas me séparer de votre fils.

ANDRÉ. Comment! vous ne voulez pas...

TARTANAC. Non, foi de Tartanac, natif de Bergerac, Gascon par conséquent, à ce qu'on dit... Je l'aime ce jeune homme.

ANDRÉ. Merci.

TARTANAC. Oui, je l'aime!... Il est bon enfant, il a du courage, et quelque chose de méridional qui me plaît...

ANDRÉ. Il faut pourtant qu'il entre au service.

TARTANAC. Je ne dis pas le contraire... laissez-moi donner mes raisons... Il y a bien longtemps que j'ai quitté mon pays... j'ai servi, j'ai même été de la guerre de sept ans, et je pourrais être capitaine en France si je ne sais quel diable logé dans ma tête ne m'avait emporté de côté et d'autre.. Je ne parle pas des frasques de toute couleur qui m'ont procuré une existence assez balottée... passons, surtout devant les dames...

ANDRÉ. Monsieur, lorsque j'ai fait demander à Moscou un Français qui donnât à mon fils l'habitude de parler votre langue, des leçons d'armes et d'équitation, le prince Soutzo, mon parent, vous a désigné comme un homme d'intelligence et d'honneur...

TACHINKA. C'est comme tel que nous vous avons accueilli avec tous les égards que vous n'avez cessé de mériter.

TARTANAC. Eh! par la Dordogne! mademoiselle, c'est bien là ce qui m'a fait votre serviteur dévoué... J'étais allé à Moscou pour y chercher fortune... la fortune! je renonce à savoir si elle est brune ou blonde celle-là. J'avais trouvé tout bonnement une gêne qui me faisait rire de pitié et qui m'aurait forcé tôt ou tard à ouvrir une boutique de barbier, puisqu'on prétend que tous les Gascons savent raser. Quelle craque...On me parle de venir ici, dans votre château : j'accepte en me disant : je m'exile!... Comment serai-je traité?... parfaitement, Dieu merci. Bonne mine, bonne chère, des chevaux à mon service, la chasse et une agréable compagnie, sans compter que mon élève ne m'a jamais fait la moindre des grimaces qu'on fait aux précepteurs!... c'est pour toutes ces raisons et d'autres que je ne veux pas le quitter!

ANDRÉ. Mais...

TARTANAC. Point de mais.

TACHINKA. Si...

TARTANAC. Point de si! Voyons, major, nous connaissons les choses, nous autres! mon élève est jeune, c'est un Télémaque, il lui faut un Mentor et une Minerve... je les représenterai tous les deux, soit qu'il faille préparer un petit duel..

TACHINKA. Un duel!...

TARTANAC. Pardon, mademoiselle, je ne fais qu'une supposition.. soit qu'il faille se retirer de quelqu'île de Calypso!... Je serai là comme un ami et s'il arrive de mauvaises aventures, j'en prendrai la plus grosse part pour moi, en ayant soin de ménager l'amour-propre du jeune homme! On n'entre pas dans l'armée comme dans un séminaire, et lorsqu'on n'a que vingt ans, un Tartanac expérimenté, adroit du poignet et dévoué du cœur, c'est un camarade qu'il faut accepter tout de suite, de peur que quelque reine étrangère ne l'enlève pour faire l'éducation de l'héritière de la couronne...

TACHINKA. Mon père, si vous pouviez hésiter, je vous supplierais d'accepter des propositions qui adoucissent le chagrin que j'éprouve à me séparer de Michaël.

ANDRÉ. Monsieur, j'accepte et je vous remercie.

TARTANAC. Et vous faites bien.

ANDRÉ. Mais quelles conditions?

TARTANAC. Ah! major, voilà qui est mal. Je ne tiens pas à amasser de l'argent, moi! je tiens à faire figure suivant ma position, et quant à cela, je ne m'en inquiète pas; vous y pourvoirez suffisamment.

TACHINKA. Ce qui ne vous manquera pas non plus, monsieur, c'est la reconnaissance d'un père et d'une sœur. Voici Michaël.

SCENE V.

LES MÊMES, MICHAEL.

TARTANAC. Eh bien, mon élève, il y a du nouveau... vous partez...

MICHAEL. Je pars!

ANDRÉ. Oui, mon fils, aujourd'hui même.

MICHAEL. Aujourd'hui! est-ce que vous avez reçu quelqu'ordre qui me concerne?

ANDRÉ. Non... Mais lorsque je partis moi-même pour l'armée, je n'avais pas attendu des ordres, j'allai de mon propre mouvement me présenter au comte Munich, et je combattis du temps de Pierre le Grand et de l'impératrice Anne... Rejoins ton drapeau, Michaël, et que nous apprenions ici, dans ce vieux château, où nous t'attendrons ta sœur et moi, que tu es fidèle aux traditions d'honneur de notre famille.

MICHAEL. Et où m'envoyez vous, mon père?... Dans la capitale, sans doute?

ANDRÉ. Non, mon fils, tu te rendras à Orenbourg.

MICHAEL. A Orenbourg!

ANDRÉ. Oui, auprès du général Karlowitch qui t'accueillera comme son enfant.

MICHAEL. Mais pourquoi ce changement de garnison?

ANDRÉ. Parce qu'à Orenbourg ton apprentissage sera plus sévère, qu'il ne le serait dans une garnison où la discipline est endormie. Parce que les Grineff ont été de vrais et bons soldats et qu'il t'appartient de garder l'héritage militaire que notre race te transmet par mes mains.

MICHAEL. J'obéis, mon père... il me tardait de prendre ma place sous le drapeau; mais au moment de vous quitter tous, je m'attriste, car je vous aime, vous et ma sœur, autant que vous m'aimez.

TACHINKA. Michaël, tu m'écriras... tu me diras... Tu ne pars pas tout seul... un ami t'accompagne.

MICHAEL. Qui donc?

TARTANAC. Moi, par la Dordogne! Un

camarade qui a fait divorce avec la mélancolie! J'ai encore des leçons à vous donner. Une, deux, là! un coup favori avec lequel je ne craindrais pas un bataillon tout entier...

SCÈNE VI.

LES MÊMES, ZOURINE.

ZOURINE. Ma foi, major, j'en éprouve un vif regret à cause de l'accueil que j'ai reçu dans votre château, mais je vous quitte demain, au point du jour.

ANDRÉ. Déjà!

ZOURINE. Oui, je viens de recevoir l'ordre de me rendre à Simbirsk.

ANDRÉ. A Simbirsk?... mais c'est le chemin d'Orenbourg?

ZOURINE. Sans doute!

ANDRÉ. Eh bien, mon fils vous fera compagnie jusque-là.

ZOURINE. Vraiment?

TARTANAC. Et moi aussi... Double avantage pour vous, capitaine.

ANDRÉ. Mon fils se rend auprès du général Karlowitch.

ZOURINE. Eh bien, tant mieux, il m'en aurait coûté de le quitter si brusquement.. Sacrebleu! Ah! pardon, major, et vous aussi, mademoiselle, je suis un soldat endurci, mais je comprends ce qu'il y a de triste à s'éloigner de sa famille.

ANDRÉ. Capitaine, le départ de mon fils va faire ici un vide cruel... mais nous sommes tous accoutumés à mettre le devoir au-dessus de nos affections les plus chères.

TACHINKA. Michaël...

ANDRÉ. Console-toi, ma fille, ton frère nous reviendra; quant à moi, j'attendrai patiemment son retour dans la pensée que sa conduite est honorable. Michaël, fais ce que dois, advienne que pourra. C'est une devise française que je respecte à l'égal des plus nobles maximes.. Songe que je t'aimerais mieux mort que déshonoré.

MICHAEL. Mon père...

ANDRÉ. Pardonne! Douter de toi, ce serait douter de moi-même; va donc! j'ai pleine confiance en toi. Je veux vivre pour savoir que tu es estimé de tous! va, mon enfant. (*A Zourine.*) Eh bien, capitaine, vous allez penser que le vieux soldat de Munich et de Suwaroff n'est plus bon qu'à tenir une quenouille!

ZOURINE. Major, je ne puis que vous respecter comme si j'étais votre fils.

ANDRÉ. Allons, Tachinka, le repas d'adieu!... Qu'on le prépare. En attendant, Michaël fera ses dispositions... Capitaine, nous trinquerons au départ. Venez.

MICHAIL, *à Tartanac*. Où allez-vous donc?

TARTANAC. Et le dîner?

MICHAIL. Et nos préparatifs?

TARTANAC. Eh! je croyais qu'on allait dîner...

MICHAIL. Nous dînerons après.

TARTANAC. C'est que j'ai l'habitude de dîner plutôt trois fois qu'une! (*Le théâtre change.*)

Deuxième tableau.

La Steppe. — Un coin de steppe dans le gouvernement d'Orembourg. La neige couvre la terre. La lune à moitié cachée par des nuages éclaire la localité.

SCENE PREMIÈRE.

POUGATSCHEFF.

(*Il entre en scène, marchant avec lenteur et avec l'expression d'une extrême fatigue. Il s'arrête après avoir fait quelques pas et regarde de tous côtés.*)

Rien autour de moi. Rien que l'immensité de la steppe déserte!... Le froid, la faim, la fatigue et l'impatience me donnent la fièvre. Je touche au but peut-être, et il ne me reste plus assez de forces pour continuer mon chemin. Et ceux qui m'attendent au rendez-vous, que diront-ils si je ne puis les rejoindre?... Ils me croiront tombé aux mains de quelque troupe de soldats; ils me croiront perdu, et cette entreprise à laquelle je me donne tout entier depuis si longtemps, s'évanouira comme un projet vulgaire, comme une illusion!... Oh! la cabane de Fédor, où est-elle? Si je pouvais la voir au loin, m'y traîner, y trouver les deux hommes qui doivent me rendre compte de leur mission, m'annoncer peut-être que tout va bien... Je n'aurais pas dû m'aventurer ainsi dans la solitude en m'éloignant de Simbirsk. Il le fallait cependant, pour le succès de mes desseins, pour ne pas éveiller les soupçons. De ce côté, la forteresse de Belogorsk; plus loin, Orenbourg; partout devant moi, le réseau que j'ai étendu comme un chasseur infatigable, et je ne puis marcher, et je ne reconnais plus ma route! (*Il tombe. Ecoutant.*) Qu'ai-je entendu? Oui... un kibitka! Des voyageurs! Je suis sauvé!... Et si on passait sans vouloir me recueillir... Si mes prières demeuraient inutiles. Plutôt alors me faire tuer! (*Arrive un kibitka portant un cocher, Michaïl et Tartanaç.*)

SCENE II.

POUGATSCHEFF, MICHAEL, TARTANAC, UN COCHER.

TARTANAC. Voulez-vous que je vous dise, mon élève?... Si quelque diable ne vient pas nous guider, comme dans les histoires de sorciers, nous voilà condamnés à rester ici jusqu'à la fin du monde.

MICHAEL. Aucun moyen de retrouver notre chemin.

POUGATSCHEFF. Voyageurs.

TARTANAC. Holà ! hé ! D'où sors-tu, toi? Si tu viens demander la bourse ou la vie, je te préviens que tu n'auras ni l'une ni l'autre.

POUGATSCHEFF. Voyageurs, c'est votre aide que j'implore. J'ai faim, j'ai froid et je suis vaincu par la fatigue.

MICHAEL. Tu as froid, prends cette pelisse; tu as soif... bois! (*Il lui tend une gourde.*) Tu es épuisé de fatigue, assieds-toi! (*Il lui indique la place à côté du cocher.*)

POUGATSCHEFF. Merci, seigneur, toute ma vie, je me souviendrai de ta générosité. Laisse-moi te regarder de près afin que ton visage se grave pour jamais dans ma mémoire. (*Il regarde de près Michaïl.*)

MICHAEL. Où est le chemin d'Orenbourg?

POUGATSCHEFF. Je l'ai perdu comme vous.

TARTANAC. Bon! ça va bien!

MICHAEL. Et pas une habitation près d'ici?

POUGATCHEFF. Attendez! (*Il monte sur le banc où est assis le cocher.*) Le vent a soufflé de là, et j'ai senti une odeur de fumée, preuve qu'une habitation est proche... A moi, les rênes. (*Il prend les rênes.*)

TARTANAC. Eh bien, eh bien! Comme tu y vas.

POUGATSCHEFF. Que t'importe si je te fais retrouver ton chemin.

MICHAEL, *à Tartanac.* Laisse-le faire. J'ai confiance en lui!

POUGATSCHEFF. Bien parlé, seigneur. (*A part.*) Je suis sauvé!... (*Haut aux chevaux.*) Hope! (*Le kibitka s'éloigne rapidement. — Le théâtre change.*)

Troisième tableau.

A la citadelle de Bélogouk; une chambre dans l'appartement du commandant.

SCENE PREMIERE.

MIRONOFF, POLO.

MIRONOFF. Polo.

POLO. Commandant.

MIRONOFF. Où est madame Vassillisa, ma femme?

POLO. Commandant, elle est allée visiter les remparts du côté du sud.

MIRONOFF. Pendant que j'étais sur les remparts du côté du nord... Et ma fille?

POLO. Mademoiselle Marie est avec sa mère.

MIRONOFF. Et le lieutenant Michaël Grineff?

POLO. A l'exercice.

MIRONOFF. Et le lieutenant Yvan?

POLO. Je ne l'ai vu que deux fois depuis quatre jours qu'il est revenu de son congé.

MIRONOFF. C'est un sournois, comme disent les Français. Polo.

POLO. Commandant!

MIRONOFF. Tu es vieux autant que moi.

POLO. Oui, commandant.

MIRONOFF. Dévoué.

POLO. Oui, commandant.

MIRONOFF. Eh bien, écoute: Il y a déjà cinq ans que nous sommes enfermés dans cette forteresse de Belogorsk. Cinq ans de tranquillité, malgré ma femme qui aime les batailles. Je ne pouvais plus servir dans l'armée active, j'étais criblé de blessures. Alors on a fait de celui qu'on appelait le petit capitaine Mironoff, à cause de ma taille, le commandant de cette place. Le lieutenant Yvan est ici depuis six mois, en punition d'avoir fait ses frasques au régiment Préobajenski. Je ne l'aime pas. Le lieutenant Michaël est venu nous joindre il y a trois mois. Il venait d'Orenbourg, d'où le général Karlowitch l'envoyait ici pour y faire ses premières armes. Ma femme, ma fille et moi, nous l'aimons beaucoup ainsi que ce damné Gascon qui est avec lui... mais, il y a entre Yvan et Michaël un levain d'animosité qui finira par les conduire, pour s'expliquer, sur les bords du Yaïk, notre rivière; je ne veux pas de cela. Veille, et s'il te vient des soupçons, confie-les-moi pour que je prenne mes mesures... va...

POLO. Oui, commandant. (*Il va pour sortir. Entrent Vassilissa et Marie.*)

SCENE II.

LES MÊMES, VASSILISSA, MARIE.

MARIE. Bonjour, mon père.

MIRONOFF. Bonjour, ma fille.

VASSILISSA. Polo.

POLO. Madame la commandante.

VASSILISSA. Allez chez le pope Garassim, et dites-lui que nous l'attendrons pour passer la soirée avec nous. En chemin, vous entrerez chez Riska, le maître tailleur, et vous le gronderez de ma part... de la part du commandant de n'avoir pas encore habillé les trois recrues nouvellement arrivées.

MIRONOFF. Nous avons le temps.

VASSILISSA. Nous avons le temps. Je vous reconnais bien là. Ces recrues se promènent par la ville avec leurs habits de paysans. Est-ce digne de la garnison?

MIRONOFF. C'est juste.

VASSILISSA, *à Polo.* Passez chez cette espèce d'ingénieur qui est venu de Moscou, et dites-lui qu'il y a dans la muraille du sud un pan tout entier à travers lequel une simple balle ferait brèche. J'ai vu ça, mois

POLO. Oui, commandante.

VASSILISSA. Allez, maintenant, et revenez assez tôt pour aider à la cuisine.

POLO. Oui, commandante. (*Il sort.*)

MIRONOFF. Marie, si je venais à être réformé ou à tomber dans quelque escarmouche, décidément ta mère pourrait me remplacer, si les femmes n'étaient pas exclues des grades militaires...

MARIE. Nous vous garderons longtemps, et ma mère ne demande pas à entrer au service.

VASSILISSA. Et tu crois peut-être, petite, que je ne m'en tirerais pas aussi bien que la plupart des hommes qui n'ont que de la vanité?... Il y a assez longtemps que je suis la compagne de ton père, et, Dieu merci, les affaires du régiment n'ont rien qui puisse m'intimider.

MIRONOFF. C'est qu'elle prendrait un fusil, l'occasion venue. Gare à Pougatscheff si par hasard il se dirige de notre côté.

MARIE. Pougatscheff!

VASSILISSA. Eh bien, ce nom te fait peur! Qu'il s'attaque à notre forteresse, ce bandit, chef de pillards, et il verra. Mais, il n'oserait.

MIRONOFF. Nous n'avons pourtant pas de forces bien imposantes... nous sommes relégués à quarante verstes d'Orenbourg, contre les deux frontières de Tartarie et de Sibérie. Une fois coupés de nos renforts, un coup de main pourrait nous être funeste.

VASSILISSA. Tiens, voilà que tu fais peur à Marie. Ton père est brave, vois-tu, mais au combat; ailleurs c'est une femme.

MIRONOFF. Une femme.

VASSILISSA. Oui.

MIRONOFF. Je le veux bien.

VASSILISSA. A propos de Pougatscheff, le lieutenant Yvan a passé une partie de son congé dans le pays où sont les rebelles... qu'en dit-il?

MIRONOFF. Il n'en dit rien... ou à peu près.

VASSILISSA. Oui, c'est un officier qui pense à boire, à fumer, à jouer, sans s'inquiéter du reste... et dire qu'il voulait devenir notre gendre.

MARIE. Oh! par exemple! j'espère qu'on m'aurait au moins consulté, et alors...

VASSILISSA. Alors, tu aurais préféré le lieutenant Michaël Grineff.

MARIE. Ma mère.

MIRONOFF. Ah! nous savons cela.

VASSILISSA. Oui... et on verra.

MARIE. Comment, ma mère... Oh! que vous êtes bonne!

VASSILISSA. Doucement! Tu dirais peut-être le contraire plus tard.

MARIE. Jamais.

VASSILISSA. Pourtant si la famille de Michaël qu'il doit consulter .. C'est un brave et digne jeune homme; mais, pour rien au monde, je ne voudrais te voir entrer dans une maison où tu ne serais pas bien accueillie... Songes-y, ma fille, Vassilissa, ta mère, aurait repoussé la main d'un prince si sa fierté avait dû en souffrir.

MARIE. Je pense comme vous, ma mère.

VASSILISSA. A la bonne heure!

SCÈNE III.

LES MÊMES, YVAN.

YVAN, *qui est entré sans être vu.* Commandant, mesdames...

MIRONOFF. Lieutenant.

VASSILISSA. Vous arrivez là d'une façon singulière et bien inattendue.

YVAN. Je vous ai troublé, madame?

VASSILISSA. Me troubler? vous pourriez savoir que ce n'est pas facile... non, mais...

YVAN. Je n'ai rencontré personne pour m'annoncer, et comme je voulais savoir s'il n'y avait rien de nouveau pour le service...

VASSILISSA. Non, rien de nouveau. (*Yvan désigne le commandant.*) C'est juste, à toi de répondre, Mironoff.

MIRONOFF. Ma femme a dit vrai.

VASSILISSA. Il y a pourtant quelque chose qui vous concerne.

YVAN. Personnellement, ou comme officier?

VASSILISSA. Des deux façons. On nous a blâmés de vous avoir permis... (*Yvan regarde avec affectation le commandant.*) C'est juste, à toi de répondre, Mironoff.

MIRONOFF. On nous a blamés de vous avoir donné un congé sans préciser le lieu où vous le passeriez. Je ne sais pourquoi, par exemple.

YVAN. Ni moi non plus. Je ne suis certes pas sorti de l'empire et dès lors, j'étais libre, ce me semble.

VASSILISSA. Nous l'avions pensé comme vous.

YVAN. Et quant à ce qui me regarde personnellement? Encore quelque note venue de Pétersbourg, sans doute?

VASSILISSA. C'est une note... A toi, Mironoff.

MIRONOFF. C'est une note relative à la retenue faite sur vos appointements, par oppositions réitérées. Retenue qu'on me charge de doubler.

YVAN. Très-bien! Est-ce tout?

MIRONOFF. C'est tout!

YVAN. Je suis sûr que le lieutenant Michaël n'est pas exposé à apprendre des nouvelles semblables à celles qui me concernent.

VASSILISSA. Chacun récolte ce qu'il a semé. D'ailleurs, Michaël, nous le regardons comme notre enfant.

YVAN. Bien dit, madame, ce doit être aussi votre sentiment, mademoiselle Marie.

MARIE. Mais, lieutenant, je ne suis pour rien dans ces questions-là.

VASSILISSA. Ma fille a raison. Quant au lieutenant Michaël, le voici lui-même, et, si vous avez à lui parler, il est homme à vous répondre!

MARIE, *bas.* Mais, ma mère, prenez garde.

VASSILISSA, *de même.* Eh! pardieu! quand Michaël lui donnerait une bonne leçon, où serait le mal? A sa place, j'en trouverais l'occasion.

SCENE IV.

LES MÊMES, MICHAEL.

MICHAEL, *saluant.* Ah! commandant, si vous aviez assisté à la manœuvre ce matin, vous auriez été content de votre monde!

VASSILISSA. Vraiment?

MICHAEL. Oui, madame, nous avons tous lutté d'émulation, et mon ami Tartanac, qui était là, prétendait que la garnison rivalisait, pour l'exercice, avec les soldats les plus expérimentés qu'il eût vus dans tout autre pays.

MIRONOFF. Ah! ah!

YVAN. C'est un si bon juge que monsieur Tartanac!

MICHAEL. Mais, lieutenant, c'est un homme de guerre assez entendu, ne vous y trompez pas; et mon père, qui s'y connaît, savait l'apprécier sous ce rapport.

YVAN. Ah!

MIRONOFF. Et où est-il, votre ami?

MICHAEL. Il ne tardera pas à se rendre ici; il désire présenter ses devoirs à ces dames.

MARIE. Il est très-galant, monsieur Tartanac.

MICHAIL. Ah! l'on sait qu'il a obtenu vos bonnes grâces.

MARIE. Oui, vraiment.

VASSILISSA. Allons, viens, ma fille, et toi aussi, Mironoff... ces messieurs nous rejoindront tout à l'heure au jardin. Mais, pour le moment, il s'agit de notre inspection journalière... nos invalides et nos malades de la forteresse à visiter.

MIRONOFF. C'est juste! (*A Michaël.*) A bientôt, c'est l'affaire d'une demi-heure.

MARIE, *à part.* Je ne voudrais pas les voir rester ensemble.

MIRONOFF, *à Yvan.* Lieutenant.

YVAN. Commandant! (*Vassilissa et Mironoff sortent par le fond; Marie par une porte latérale à droite.*)

SCÈNE V.

MICHAEL, YVAN.

YVAN, *à lui-même.* Ils espéraient tous deux se trouver seuls!... (*Il prend un livre sur la table et s'assied.*) Patience! mon tour viendra... Ah! ils ont cru que je prenais un congé pour de vaines distractions... ah! ils m'ont encore humilié!

MICHAEL, *à lui-même.* Marie, vous n'avez pas voulu me l'avouer, et pourtant vous êtes la candeur et la franchise mêmes... Yvan vous aimait... et vous l'a dit... c'est là ce qui nous fait ennemis! (*Il s'assied du côté opposé à celui où est Yvan; puis, rêveur, il cache sa tête dans ses mains.*)

SCÈNE VI.

LES MÊMES, TARTANAC, *puis* MARIE.

TARTANAC, *entrant en chantant.*

De ce côté de la Garonne,
Je ne rencontrerai personne.

Ah! si, voilà du monde. Lieutenant, je vous salue, comment va?

YVAN. Bonjour, monsieur. (*Il se met à lire.*)

TARTANAC, *les regardant attentivement.* Par la Dordogne, vous me faites l'effet de n'avoir pas une conversation bien animée... Je sais bien que cette citadelle de Belogorsk n'est pas aussi agréable que le jardin du Palais-Royal à Paris; que dirais-je, moi, pauvre fleur tropicale transplantée dans ces régions hyperboréennes! Faites comme moi, essayez de vous distraire et vous serez plus gais.

YVAN. Vous parlez à votre élève, monsieur.

TARTANAC. Je parle à tout le monde, et il y en aurait davantage que je m'exprimerais avec la même franchise. Est-ce que vous êtes malade, lieutenant?

YVAN. Non, monsieur.

TARTANAC. Par la Dordogne! permettez-moi de vous dire une chose.

YVAN. Laquelle?

TARTANAC. Il y a ici une famille de braves gens, sans façons et pleins d'aménité... Eh bien, vous leur faites une mine comme vous la feriez si vous étiez emprisonné.

YVAN. Gardez donc vos leçons pour votre élève, monsieur.

TARTANAC. Ah!.... ce que j'en disais, moi, c'était en camarade; voilà tout.

MICHAEL. Tartanac est mon ami et non mon précepteur.

TARTANAC. Eh oui! je suis son ami.

MICHAEL. Quelles leçons voulez-vous qu'on me donne, monsieur?...

YVAN. Cela vous regarde.

TARTANAC, *à part.* Quésacco!... oh! mais le merle siffle drôlement ce matin.

MICHAEL. Tenez, lieutenant, avouez que vous ne m'aimez pas.

YVAN. C'est vrai.

MICHAEL. Pourquoi?

YVAN. Parce que...

TARTANAC. C'est une fameuse raison, celle-là! d'autant plus qu'elle n'est pas claire.

MICHAEL. Lorsque je suis arrivé ici, vous m'avez fait un assez bon accueil.

YVAN. C'est possible; mais je ne m'en souviens pas. Du reste, vous m'avez un peu succédé.

MICHAEL. En quoi?

YVAN. Dans l'affection de la famille Mironoff.

MICHAIL. De toute la famille?...

YVAN. Oui, cependant, rassurez-vous, mademoiselle Marie...

MICHAEL, *vivement.* Eh bien, mademoiselle Marie...

YVAN. Ah! vous êtes vif!

MICHAEL. Parlez donc!

YVAN. Oh! non... ce n'est pas prier cela, c'est commander.

MICHAEL. Eh bien?...

TARTANAC, *se mettant entre eux.* Ah! doucement, mes enfants, je suis calme, moi. (*S'animant.*) Cependant, le lieutenant vous a un air taquin qui pourrait émoustiller un méridional.

YVAN. Eh! monsieur...

TARTANAC. Une minute! je suis là pour juger la chose, moi! soyons paisibles.

MICHAEL. Mon ami.

TARTANAC. Par la Dordogne! je le vois bien. Il y a assez longtemps que vous vous regardez comme chien et chat.

YVAN. Où voulez-vous en venir?

TARTANAC. Je ne sais pas. Je verrai ça en chemin. Le lieutenant dit qu'on lui a fait du tort en venant ici. Pure fantaisie! vous vous étiez suffisamment bousculé vous-même par des histoires qu'il est inutile de raconter.... Quant à Michaël, est-ce sa faute si nous sommes aimables?...

YVAN. Monsieur, vous avez sans doute l'habitude d'arranger les affaires de votre élève?

MICHAEL. Lieutenant...

TARTANAC. Holà! une seconde... vous m'attaquez, lieutenant.

YVAN. Non.

MICHAEL. C'est moi qu'il attaque.

TARTANAC. Je vous dis que c'est moi... ça me va... Parlons raison, pas d'esclandre! Du reste, ça me va! je me rouille par ici! je ne vous ai pas cherché, mon petit, mais je vous déclare que je suis bien aise de vous rencontrer. (*Marie entr'ouvre la porte et écoute.*)

YVAN. Monsieur, encore une fois, je n'ai rien à démêler avec vous.

TARTANAC. On verra ça quand nous serons sur le terrain.

MICHAEL. Mon ami, ce serait m'offenser que de prendre plus longtemps pour vous l'espèce de provocation que m'a adressée le lieutenant.

MARIE, *à part.* Qu'entends-je?

MICHAEL, *à Yvan.* Je vous attendrai demain matin à six heures, au bord du Yaïk!

MARIE. Un duel!...

TARTANAC. C'est-à-dire que c'est moi...

YVAN. Du tout, monsieur; c'est au lieutenant Michaël que j'ai affaire.

TARTANAC. C'est décidément comme ça? Très-bien! (*A part.*) J'imaginerai quelque manœuvre qui me donnera les étrennes de la chose.

MARIE, *à part.* Oh! ils ne se battront pas; je préviendrai ma mère. La voici!...

SCENE VII.

LES MÊMES, MIRONOFF, VASSILISSA, POLO, MAXIMITCH.

MIRONOFF, *à Maximitch.* Tu dis que tu as rencontré ce cosaque à moitié chemin d'Orenbourg?

MAXIMITCH. Oui, commandant; il m'a remis cette dépêche avec l'ordre de retourner auprès de vous.

MIRONOFF, *ouvrant une dépêche.*) Voyons. (*Après avoir lu.*) Ah! diable!

VASSILISSA. Qu'y a-t-il?

MIRONOFF. Il y a que Pougatscheff a déjà rassemblé de nombreux partisans et que nous devons nous tenir sur nos gardes.

YVAN. Pougatscheff! lui qui naguère errait dans les solitudes qui avoisinent la Sibérie...

VASSILISSA. Il prétend être Pierre III, comme si son imposture pouvait réussir. Pierre III est mort; mais ce Pougatscheff est habile et entreprenant! Mironoff, veille et soyons prêts à combattre et mourir pour notre souveraine Catherine.

TARTANAC. Hé! hé! si nous allions avoir une petite bataille, ça ne serait pas mauvais pour nous distraire.

MICHAEL, *à Marie.* Qu'avez-vous, mademoiselle?

MARIE. Oh! la guerre me fait peur!

VASSILISSA. Enfant, tu t'y feras. Il n'y a que le premier coup de canon qui coûte.

MIRONOFF. Je vais assembler tous les officiers pour nous concerter ensemble et prendre nos mesures. Venez-vous, messieurs.

MICHAEL. Nous vous suivons, commandant.

MARIE, *à sa mère.* Ma mère, il faut que je vous parle...

MICHAEL, *bas, à Yvan.* A demain.

YVAN, *de même.* Soyez tranquille! (*A part.*) Demain, Pougatscheff sera peut-être ici!

MARIE. Venez, ma mère... (*Tous sortent.*)

Quatrième tableau.

Dans la Russie méridionale. Un village près d'Erouslan, dans le gouvernement de Saratow. Localité pittoresque au pied d'une colline qui part du fond du théâtre. Soirée d'automne. La nuit vient graduellement pour être complète à la fin du tableau. Des paysans ou des serfs s'occupent sur le pas de la porte des cabanes, quelques-uns à des travaux de charonnage, d'autres à tresser de la paille; on en voit qui portent sur leurs épaules des fagots ou des bottes d'herbes et de fourrage. Quelques chevaux libres passent de droite à gauche, ou montent la colline, comme rentrant des pâturages. Ce mouvement silencieux se continue quelques instants après le changement.

SCÈNE PREMIERE.

NICOLESKO, DIMITRI, PIOTR, GRÉGORI, PAYSANS, SERFS.

NICOLESKO, *entrant.* Holà! paysans et serfs! (*Tous se lèvent et prennent une attitude respectueuse.*) Avez-vous vu ce maudit sergent, fils du diable?

GRÉGORI. Il est là, dans la cabane de son père, qui est mort, comme vous savez, il y a un mois

NICOLESKO. Cette cabane n'est plus à lui; il l'a vendue au seigneur Volski, notre maître à tous, dont je suis l'intendant... il l'a vendue avec le misérable champ qui est à côté, et je lui apporte le prix du marché

GRÉGORI. Il avait le droit de vendre, puisqu'il est paysan et propriétaire comme moi, et non pas serf,

NICOLESKO. C'est juste... Mais tu es porté à te vanter de ton indépendance, Grégori!

GRÉGORI. Elle m'a coûté assez cher pour que j'y tienne! Le peu de terre que je cultive m'appartient, et je ne relève que de l'Impératrice et de la loi.

NICOLESKO. Garde tes réflexions... ne vois-tu pas qu'elles font dresser les oreilles à Piotr, le serf paresseux.

PIOTR. Paresseux, parce que je travaille une heure avant le lever du soleil et une heure après qu'il est couché!

NICOLESKO. Assez.

PIOTR. Oui, assez, ou le knout.

NICOLESKO. Oui, le knout.

PIOTR. J'y suis accoutumé.

DIMITRI. Et cela ne t empêche pas de chanter et même de faire des chansons. Idiot...

PIOTR. Idiot! c'est possible!... mais je n'en sais rien. (*Riant.*) Hé! hé! toujours être rudoyé, battu, souffrir du froid, manger à peine, il y a bien de quoi n'avoir pas beaucoup d'esprit... sans une petite chanson par ci, par là, on risquerait de ne pas aller loin. (*Bas à Grégori.*) Si encore on avait voulu de moi pour me faire soldat.

GRÉGORI, *de même.* Ils en ont assez de soldats... Ils aiment bien mieux nous faire travailler.

PIOTR, *de même.* Patience! on ne sait pas ce qui peut arriver. Le tzar Pierre III n'est pas tellement mort qu'on le dit : s'il reparaît, il lui faudra des hommes pour combattre.

NICOLESKO, *aux serfs.* Au travail... voulez-vous bien travailler! Ah! voici le sergent...

SCÈNE II.

LES MÊMES, BELODOROFF.

NICOLESKO. Vous vous donnez enfin la peine de venir me trouver, Belodoroff?...

BELODOROFF. Si vous saviez où j'étais, vous n'aviez qu'à avancer de mon côté.

NICOLESKO. Insolent!... Tu oublies donc à qui tu parles!.. Mais, du reste, tu es connu pour tes velléités d'indiscipline.

BELODOROFF. Laissez ce mot d'indiscipline à mes officiers, maître Nicolesko... Ils s'en servent assez souvent pour s'amuser à me tourmenter de toutes les façons.

NICOLESKO. Quand retournes-tu à ton régiment?

BELODOROFF. Je me mets en route demain, au point du jour.

NICOLESKO. Et tu vas?

BELODOROFF. Je vais rejoindre mes camarades les Cosaques, dans la ville d'Erouslan, pas loin d'ici... Mon congé est expiré.

NICOLESKO. Voici ton argent.

BELODOROFF. A vous ma cabane... On pourra y entrer dans quelques heures. Grégori, va chercher du vin, je paie pour mes adieux.

NICOLESKO. Voilà des roubles qui vont s'en aller plus vite que les chevaux sauvages dans les steppes de nos voisins les Tartares.

BELODOROFF. L'argent! je ne le garde jamais, et je parierais qu'un jour j'en aurai plus que vous, tout intendant que vous êtes.

NICOLESKO. Tu as donc fait un pacte avec le diable?

BELODOROFF. Non... il me proposerait peut-être de vous remplacer.

NICOLESKO. Adieu, païen.

BELODOROFF. Adieu, intendant.

NICOLESKO, *aux serfs.* Eh bien, drôles, qu'est-ce que vous avez à écouter ce mauvais sujet?... Voulez-vous bien vous remettre au travail et vite. (*Il sort.*)

SCÈNE III.

LES MÊMES, *moins* NICOLESKO.

BELODOROFF, *tenant l'argent dans ses mains.* Cet argent, Nicolesko a raison, il passera comme un éclair.. j'en dois plus du double à droite et à gauche, et si je payais, je devrais encore. Bah! il faut le dépenser et nous verrons! Ah! te voilà, Grégori, et le vin aussi! Holà! vous autres, venez donc boire à ma santé! (*Présentant une poignée d'argent à Dimitri.*) Prends ce qu'il faut pour payer.

GRÉGORI. Il est cher le vin, vous savez...

BELODOROFF. Prends toujours! (*Aux paysans et aux cerfs.*) Ah çà, viendrez-vous?

PIOTR, C'est que... si Nicolesko allait revenir...

BELODOROFF. Nicolesko!... s'il revient, je suis capable de vous en débarrasser.

PIOTR. Ce serait un fameux service que

vous nous rendriez ! Je vous réponds que je ferais là-dessus une chanson assez joviale...

BELODOROFF. Croyez-vous donc que tout à l'heure, je ne lui aurais pas fait rentrer dans la gorge ses paroles insolentes, si je n'avais pas déjà sur le corps quelques affaires de duel et autres !... Buvez ! à ma santé... Il y a dix ans que j'ai quitté ce pays, c'est la seconde fois que j'y reviens... Ce sera peut-être la dernière ! A ma santé ! (*Ils trinquent et boivent.*)

PIOTR. Vous êtes heureux de voyager, vous !

BELODOROFF. Heureux, on ne l'est pas lorsqu'on est condamné à toujours obéir... Bon vin ! et dire que nous tous que voici nous ne pouvons espérer d'en boire que par ci, par là, et par hasard. Et pourtant j'ai fait de la besogne pendant la guerre de sept ans, et partout où l'on a voulu ! mais non... non sergent, paysans, serfs, rien de plus et pour toujours.

PIOTR. Dites donc, si le tzar Pierre revient, comme on le prétend, il y aurait du nouveau, et alors...

BELODOROFF. Le tzar Pierre ! ah bah ! on l'a trop bien tué.

PIOTR. On l'a tué, on l'a tué ! avec tout ça, pas plus tard qu'hier, le pope Isloff disait qu'il était bien vivant et qu'il n'était pas loin d'ici, venant du côté de la Pologne.

DIMITRI. Oui, on dit ça, mais est-ce vrai ?

PIOTR. Comment si c'est vrai ? est-ce qu'il n'y a pas une ballade là-dessus.

TOUS. Une ballade !

PIOTR. Oui, et je la sais, moi.

TOUS. Chante-la.

PIOTR. Je veux bien... pourvu que Nicolesko... Ah bah !

PREMIER COUPLET.

Dans les seppes du volga,
Pour éviter la tourmente,
Un serf d'une main tremblante,
A l'huis d'un chaume frappa...
Disant : au nom de la mère
De Jésus ce dieu si bon,
Secourez un pauvre hère,
Mourant de faim, de misère...
Entrez... lui répondit-on.

DEUXIEME COUPLET.

Il entre et sur un grabat,
Il s'assied tout près de l'atre ;
Mais soudain dans le vieux pâtre
Il reconnaît un soldat !
Relevant sa tête altière
Tout palpitant de bonheur...
Il s'élance en criant : Frère !...
Regarde moi, je sus Pierre,
Reconnais ton Empereur !...

TROISIEME COUPLET.

Depuis ce moment on dit
Qu'il a fait bien des apotres,
Qui chaque jour en font d'autres...
A leurs projets, Dieu sourit !
Le tzar jette un cri de guerre !
Il vient à vous aujourd'hui,
Rangez-vous sa bannière,
Vengez-le... c'est votre père,
Vous devez mourir pour lui !...

(*A la fin du troisième couplet un homme paraît sur le penchant de la colline, revêtu des habits d'un ermite polonais du rit grec, son capuchon est rebattu ; il s'appuie sur un bâton ; il regarde autour de lui avec précaution et vient lentement vers les personnages qui sont en scène, et qui ne l'aperçoivent pas. C'est Pougatscheff.*)

SCENE IV.

LES MÊMES, POUGATSCHEFF.

POUGATSCHEFF. Dieu vous garde, enfants de la Russie. (*Tous se sont retournés avec surprise et examinent ce nouveau personnage.*)

BELODOROFF. Un ermite polonais !

POUGATSCHEFF. Oui, sergent, un ermite qui vient de loin, mais il venait de plus loin encore le Lazare ressuscité, il venait des profondeurs de la tombe ! (*Belodoroff lui tend un gobelet, puis après avoir bu.*) Merci ! Le czar Pierre, qui parcourt ces provinces, ne trouve pas souvent un vin aussi généreux pour lui rendre des forces.

TOUS. Le tzar Pierre ?

POUGATSCHEFF. Eh bien ! ne savez-vous pas qu'il erre autour de vous, disant à ceux qui sont restés fidèles : Me voici ! suivez-moi pour me faire remonter sur le trône d'où l'on me précipita.

BELODOROFF. Ermite, on dit en effet que le tzar Pierre s'est montré vers le gouvernement d'Orenbourg, mais les conjurés, qui l'enlevèrent dans la nuit du 8 au 9 juillet 1762, eurent hâte de l'étrangler dans la forteresse où ils l'avaient conduit.

POUGATSCHEFF. Belodoroff !

BELODOROFF. Tu sais mon nom ?

POUGATSCHEFF. Je sais ton nom, ta vie, ton désir ardent de sortir des rangs inférieurs... Belodoroff, Pierre ne fut pas étranglé... Tandis que les conjurés s'apprêtaient pour leur dernier attentat, la main d'un geôlier ouvrait la porte du cachot du tzar, et le tzar s'éloignait avec celui qui l'avait sauvé !... On se vanta d'avoir commis le crime, ou mentait ! Depuis la nuit que tu viens de citer, jusqu'à ce jour, 12 septembre 1773, Pierre s'est caché, Pierre a souffert, Pierre a préparé sa vengeance, et sa vengeance va commence. (*Il se redresse dans une attitude énergique.*)

BELODOROFF. Es-tu donc son envoyé ?... parle ! je suis soldat, il est vrai, mais un soldat irrité, et tous ceux qui t'écoutent, entendent depuis quelque temps comme une voix mystérieuse qui passe dans l'air et qui annonce des événements à la Russie !... Si tu viens nous tenter et nous perdre, prends garde... Qui es-tu?

POUGATSCHEFF. Je suis celui qui a vu des paysans, des serfs, des nobles, des Cosaques, des officiers s'incliner devant le tzar et lui promettre de se ranger autour de lui lorsque l'heure aura sonné.

BELODOROFF. Eh bien, s'il existe réellement, qu'il vienne le tzar, et je le reconnaîtrai, moi, car je l'ai vu dans le temps, et bien vu.

POUGATSCHEFF. Où as-tu vu le tzar?

BELODOROFF. Dans une revue... Il s'arrêta devant moi... il me parla même, et lorsqu'un des maîtres de la terre vous a parlé, il reste tout entier et pour toujours dans votre mémoire.

POUGATSCHEFF. Et s'il se montrait à toi, le suivrais-tu?

BELODOROFF. Oui! et ces hommes aussi, (*il désigne les serfs*) car ils savent qu'il avait l'habitude de récompenser les services, lui.

POUGATSCHEFF, *rejetant son capuchon.* Eh bien, regarde, et souviens-toi!

BELODOROFF. C'est... c'est lui! c'est bien lui!

TOUS. Le tzar?

BELODOROFF. Oui, le tzar! (*Il s'agenouille devant lui.*)

POUGATSCHEFF. Oui, mes amis, c'est Pierre III, c'est votre empereur qui vient vous chercher. Déjà d'autres que vous m'ont reconnu, ils se sont armés à ma voix, joignez-vous à eux! rangez-vous sous le drapeau que j'ai déployé pour la plus sainte des causes. (*Pougatscheff tire un drapeau de dessous sa robe d'ermite, il franchit le monticule qui est au fond du théâtre, puis il agite ce drapeau en s'écriant.*) A moi, mes amis, à moi! (*De tous côtés paraissent des Cosaques et des Tartares qui envahissent le théâtre.*) Vous le voyez, vos frères ont foi dans la justice de ma cause... suivez l'exemple qu'ils vous donnent... Venez à moi, venez à votre empereur!

TOUS. Vive le tzar! vive Pierre III! Aux armes! aux armes! (*Tous les serfs s'arment à la hâte. On accourt de tous côtés au bruit du tocsin qui sonne. Mouvement. Agitation générale.*)

POUGATSCHEFF. Merci, mes braves Moscovites, merci! De grandes choses se préparent, mais pour les accomplir, j'ai besoin de vos bras, c'est sur vous que je compte.

BELODOROFF. Ton espoir ne sera pas trompé, Pierre!

TOUS. Non! non!

POUGATSCHEFF. C'est votre bonheur que je veux avant tout. Serfs, je vous ferai libres. En me sauvant miraculeusement la Providence à tracé votre devoir.

BELODOROFF. A toi nos bras et nos serments de fidélité! Nous jurons de ne déposer les armes que lorsque nous aurons puni tes ennemis, que le jour où tu seras rentré dans ton palais de Pétersbourg!

TOUS, *agitant leurs armes.* Nous le jurons.

POUGATSCHEFF. Eh bien donc, en avant! en avant!

TOUS. En avant! (*Agitation, mouvement, bruit de tambour et de trompettes.*)

Cinquième Tableau.

L'intérieur de Bélogouw, au pied des remparts. Le jour commence à paraître.

SCENE PREMIERE.

YVAN, UN COSAQUE.

YVAN, *après avoir regardé autour de lui.* Écoute... tu sais ce que je t'ai promis, si tu étais fidèle... Si tu me trompais, le châtiment ne se ferait pas attendre... Sors de Belogorsk et n'y rentre que lorsque les autres y viendront... marche pendant une lieue dans la steppe, tu rencontreras celui vers lequel je t'ai déjà envoyé... tu lui remettras ceci (*il lui donne une lettre*) et tu feras ce qu'il t'ordonnera; maintenant, pars! (*Le Cosaque sort.*) Ce duel est venu mal à propos... si je tue mon adversaire, que m'en reviendra-t-il?... la haine de Marie!... s'il me tue, ils se réjouiront tous d'être débarrassés de moi... Il aurait mieux valu attendre que les événements qui se préparent m'eussent donné la force et la puissance sous lesquelles je devais les courber et leur faire demander grâce et merci... Allons!... confions-nous au hasard, les voici qui viennent.

SCENE II.

YVAN, MICHAEL, TARTANAC, UN OFFICIER.

TARTANAC, *à Michaïl en entrant.* Ah! voilà notre cher ami... Par la Dordogne! ça ne me va pas qu'il soit arrivé le premier.

YVAN. Ah! enfin.

TARTANAC. Comment, enfin! voudriez-vous dire que nous cherchions à gagner du temps?

MICHAEL. J'étais aussi impatient que vous-même de me trouver à notre rendez-vous... Venez, lieutenant... allons au bord du Yaïk...

YVAN. Au bord du Yaïk? c'est impossible... mon témoin (*désignant un officier qui entre*) vous l'attestera... Si vous aviez été avec nous hier au soir, vous auriez appris que jusqu'à nouvel ordre, il est interdit aux officiers de la garnison de sortir de Belogorsk.

MICHAIL. Je le savais, mais pour une affaire comme la nôtre...

YVAN. Je ne veux pas me faire arrêter, moi.

TARTANAC. C'est-à-dire que vous n'êtes plus de la contredanse.

YVAN. Oh! je suis au lieutenant Michaël tant qu'il voudra... seulement, c'est ici que nous viderons notre querelle.

MICHAEL *et* TARTANAC. Ici!

YVAN. Pourquoi pas? Il fait jour à peine, cette partie de la ville, au pied des remparts est solitaire, nous ne serons pas dérangés.

MICHAEL. Soit!... (*Yvan cause avec son témoin.*)

TARTANAC, *à Michaël.* Otez votre uniforme, mon cher élève: C'est ça. Ecoutez. Le diable m'emporte mille fois... Je voudrais être à votre place... oui... Ça me paraîtrait une véritable bagatelle, et je me fendrais sur ce monsieur avec une sorte de délices.

MICHAEL. Oui, mais ce soin-là me regarde. Ecoutez, Tartanac, vous trouverez chez moi, sur ma table de travail, une lettre pour mon père et pour ma sœur... une autre pour... Marie.

TARTANAC. Bien.

MICHAEL. Si je succombe, ils sauront à quel point je les aimais.

TARTANAC. Bien.

MICHAEL, *lui prenant la main.* Quant à vous...

TARTANAC. Quant à moi... (*Avec une émotion croissante.*) Quant à moi, je sais que vous m'êtes attaché.

IVAN, *à Michaël.* Quand vous voudrez, monsieur, je vous attends.

TARTANAC. Une minute!... Je la veux et je la prends... monsieur l'empressé!... Michaël, s'il vous arrive malheur, tôt ou tard, au premier jour, j'enverrai cet Yvan dans l'autre monde; je vous en donne ma parole, parce que... parce que... moi qui suis seul, je faisais de toi un ami, un frère, mon enfant. Vingt fois, depuis hier, j'ai voulu l'attaquer, me faire une affaire avec lui, là, tout de suite, dans la rue, sur la place, n'importe où, je me suis retenu à cause de toi: on aurait dit que je t'épargnais une affaire, et comme tu es brave, il ne faut pas de ces affronts-là. Va donc, petit, tiens bien les yeux sur lui. La main ferme, mais dégagée... Enfin, tâche de le tuer et surtout qu'il ne te tue pas.

YVAN. Eh bien?

TARTANAC. Eh bien! nous voilà. (*On remet les armes aux combattants et à l'autre témoin.*) Capitaine, à votre place, et moi, à la mienne. (*Michaël et Yvan se mettent en garde et ils échangent quelques passes.*) C'est ça! bien ça! hardi, petit! (*Se reprenant à part.*) Non, c'est défendu, les témoins ne doivent rien dire!

SCÈNE III.

LES MÊMES, VASSILISSA.

VASSILISSA, *accourant.* Je vous y prends, mes gaillards!

TARTANAC, *à Vassilissa.* Par la Dordogne, vous arrivez mal à propos! (*Désignant Yvan.*) Je voyais le coup... il allait être embroché!

VASSILISSA. Laissez-moi tranquille, vous! (*A Yvan et à Michaël.*) Un duel! malgré les lois de la guerre qui l'interdissent formellement. Vous allez apprendre ce qu'il en coûte de désobéir.

YVAN, *à Michaël.* Ah! les choses étaient bien arrangées, ma foi! Je vous en fais mon compliment, lieutenant.

MICHAEL. Me soupçonner d'une pareille lâcheté! Vous en êtes donc capable, vous?

VASSILISSA. Au nom du commandant Mironoff, je vous ordonne de ne pas ajouter une parole de plus et de remettre votre épée au fourreau!

YVAN. Eh! madame, assez de comédie comme cela. Si vous avez peur pour votre protégé, emmenez-le! je saurai toujours le retrouver plus tard.

MICHAEL. Insolent.

VASSILISSA. Un moment! Michaël, un moment! (*A Yvan.*) Eh bien, oui, il est mon protégé, et de plus, c'est lui, lui que ma fille aime, et j'en suis aise, et je les autorise à s'aimer, ces deux enfants! Si je suis ici, ce n'est pas Michaël qui a parlé, c'est Marie, qui, ayant entendu votre querelle et soupçonnant le rendez-vous de ce matin, nous a fait part de ses craintes. Au surplus, voici Mironoff, il va vous faire voir si, oui ou non, nous sommes les commandants de Belogorsk.

SCENE IV.

LES MÊMES, MIRONOFF, MARIE, SOLDATS.

VASSILISSA, *allant à Mironoff.* Viens, Mironoff, viens; Marie avait raison. J'ai déniché les oiseaux, les voilà. (*Désignant Ivan.*) Qu'on arrête surtout celui-ci, qu'on le fourre en prison, il est le provocateur! qu'il rende son épée.

MIRONOFF. Calme-toi, femme, calme-toi! Oui, il faut un exemple, nous le donnerons, mais dans un autre moment. Car voici une autre affaire qui nous tombe sur les bras.

VASSILISSA. Quoi donc? qu'est-ce donc?

MIRONOFF. Un des hommes de Pougatscheff est aux portes de la citadelle, il demande à être amené devant moi en qualité de parlementaire.

VASSILISSA. Eh bien! qu'on l'introduise,

ce parlementaire, et voyons ce qu'attend de nous cé Pougatscheff.

MIRONOFF. Que dis-tu, Vassilissa? recevoir l'envoyé d'un tel homme, d'un brigand?

VASSILISSA. Ce n'est pas ce qu'il pourra te dire qui te fera manquer à ton devoir?

MIRONOFF. Non, sans doute!... ainsi tu es d'avis qu'il faut l'écouter?

VALSILISSA. Je n'y vois pas d'inconvénient.

MIRONOFF. Qu'on le fasse venir alors. (*Des soldats s'éloignent.*)

MARIE, *bas à Michaïl.* Promettez-moi de ne plus exposer inutilement vos jours, Michaël, ou vous me causeriez une douleur mortelle.

MICHAIL. Chère Marie! (*Le théâtre se remplit de soldats et d'habitants. Bélorodoff entre le dernier, amené par les soldats qui sont sortis pour aller le chercher.*)

SCENE V.

LES MÊMES, BÉLORODOFF.

MIRONOFF. Qui t'amène? Que veux-tu de nous?

BÉLODOROFF. Mironoff, et vous tous qui êtes ici, je viens, au nom de Pierre III, vous sommer de vous rendre, si vous ne voulez pas que sa colère s'appesantisse sur Bélogorsk.

MIRONOFF. Pierre III, dis-tu! Pierre III est mort! Quant au sujet révolté qui t'envoie, dis-lui qu'il n'y a ici que des serviteurs fidèles de l'impératrice Catherine.

BÉLODOROFF. Soldats...

MIRONOFF. Tes paroles seront vaines, retire-toi.

BÉLODOROFF. Soldats, au nom du tzar, je vous promets des grades, des richesses...

MIRONOFF. Soldats, emparez-vous de cet homme...

VASSILISSA. Prends garde, un parlementaire!

MIRONOFF. Tu as raison, mais alors qu'il s'éloigne.

BÉLORODOEF. Mironoff, ne te ferme pas ton dernier refuge! mérite notre clémence.

MIRONOFF. Votre clémence, dis-tu? songe donc que je serai victorieux ou mort. Va-t'en.

BÉLORODOFF. Une dernière fois, Mironoff.

MIRONOFF. Va-t'en, te dis-je!

BÉLORODOFF. Eh bien, malheur à vous! (*On l'emmène.*)

VASSILISSA. Bien, Mironoff.

MIRONOFF, *à ses soldats.* Enfants, le rebelle avait prévu ma réponse, à ce qu'il paraît, car le voilà qui s'avance dans la steppe à la tête de ses bandits! Voyez, cet homme revêtu d'un caftan rouge et qui excite ceux qui l'entourent, c'est lui! c'est Pougatscheff! Mettons-nous en mesure de prouver ce que nous valons!

YVAN, *à part.* Préparez votre défense. Je saurai bien, moi, la rendre inutile! (*Il s'éloigne.*)

MIRONOFF. Vassilissa, emmène Marie, votre place n'est plus ici.

VASSILISSA. Je vais conduire notre fille chez le pope Garassim; là, quoi qu'il arrive, elle sera en sûreté... je te rejoindrai après... je veux aussi affronter ces coquins dont l'insolence aura son châtiment!

MARIE. Michaël, songez à votre promesse!

MICHAIL. Dieu sera pour nous... bon espoir et courage, Marie.

VASSILISSA. Viens, ma fille!... Gloire au drapeau de la Russie!

MIRONOFF. Soldats, attention, voici l'ennemi!... (*Cris au loin, mouvement de défense, arrivée de Pougatscheff et de sa troupe. Episode. Prise des remparts par les Rebelles.*)

ACTE II.

Sixième tableau.

A Orembourg, chez le vieux général. — Un petit salon donnant sur un jardin. — Fenêtre à balcon à gauche.

SCÈNE PREMIÈRE.

LE GOUVERNEUR D'ORENBOURG, KALOUGA. (*Le gouverneur est assis dans un grand fauteuil. Il a la jambe gauche enveloppée d'une peau de mouton et posée sur un petit tabouret. Kalouga est debout à côté de lui.*)

LE GÉNÉRAL, *se frottant la jambe.* Ah! c'est une vilaine chose que la goutte.... ma jambe me fait souffrir comme un enragé.

KALOUGA. Faut-il aller chercher le chirurgien, général?

LE GÉNÉRAL. Le chirurgien!... il n'y entend rien... ou pas grand'chose... il dit toujours : ça se passera... ça se passera... et ça ne se passe du tout... Je vais fumer ma pipe; c'est encore le remède qui me réussit le mieux... Donne-moi du feu, Kalouga.

KALOUGA, *lui en donnant.* Voilà, général.

LE GÉNÉRAL, *tout en fumant.* As-tu exécuté les ordres que je t'avais donnés?

KALOUGA. Oui, général.

LE GÉNÉRAL. Ils se rendront ici?

KALOUGA. A l'heure dite, général.

LE GÉNÉRAL. Bien... tu me préviendras aussitôt qu'ils seront arrivés?

KALOUGA. Oui, général.

LE GÉNÉRAL. Je n'ai plus besoin de toi à présent... va-t'en.

KALOUGA, *saluant militairement et pirouettant sur lui-même.* Salut, général.

LE GÉNÉRAL, *le rappelant.* Ah!... attends un moment encore...

KALOUGA, *revenant vivement.* Voilà, général.

LE GÉNÉRAL. Tu t'es grisé hier au soir.

KALOUGA, *ouvrant de grands yeux.* Un tout petit peu, mon général.

LE GÉNÉRAL. Tu appelles ça un peu, toi!... tu ne pouvais plus te soutenir.

KALOUGA. Ah! général...

LE GÉNÉRAL. Qu'est-ce que tu avais bu?

KALOUGA. Du vin, mon général, et du bon!

LE GÉNÉRAL. Tu avais donc de l'argent?

KALOUGA. Non, mon général.

LE GÉNÉRAL. Alors c'est du vin qui venait de ma cave; tu m'as volé.

KALOUGA, *vivement.* Non, général!... non!

LE GÉNÉRAL. Où te l'étais-tu procuré ce vin?

KALOUGA. Mon général, c'est le Gascon qui en avait.

LE GÉNÉRAL. Il en avait.. il en avait... je veux bien, mais il ne venait pas moins de ma cave; je le sais.

KALOUGA. C'est possible, mon général, mais ce n'est pas moi...

LE GÉNÉRAL. Voyons... voyons... pas de faux fuyant... Tu ne savais pas moins d'où il venait, et ça ne t'a pas empêché d'en boire... et en bonne quantité encore!...

KALOUGA. C'était pour ne pas faire impolitesse au Gascon; il m'avait invité à trinquer avec lui.

LE GÉNÉRAL. Ah! bon... bon!... Eh! bien, pour que le Gascon sache ce qu'il en coûte de boire le vin du général sans sa permission... (*Il prend du papier et une plume et trace quelques lignes à la hâte, puis il donne le papier à Kalouga.*) Tu vas aller trouver le sergent de garde et tu lui diras de t'appliquer cinq bons coups de knout entre les deux épaules... Tiens... voilà le permis...

KALOUGA. Merci, mon général. (*Il salue militairement, pirouette et sort.*)

SCÈNE II.

LE GÉNÉRAL, *puis* MICHAEL.

LE GÉNÉRAL. Ce que c'est que l'occupation! Il me semble que ma goutte commence à me faire un peu moins de mal.

MICHAEL, *paraissant sur le seuil de la porte où il s'arrête.* Puis-je entrer, général?

LE GÉNÉRAL. C'est toi, Michaël! Viens, mon garçon, viens, entre, entre donc... André Grineff, ton père, est trop mon ami pour que tu te gênes avec moi. (*Il lui tend la main.*) Bonjour.

MICHAIL, *la lui serrant.* Je vous remercie, général, tant au nom de mon père qu'au mien.

LE GÉNÉRAL. Eh bien, voyons, commences-tu à te remettre un peu?... Il faut prendre ton parti, et te consoler! Il n'était guère possible, dans votre méchante petite forteresse de Bélogorsk, et en si petit nombre surtout, de résister à cet enragé de Pougatscheff. Le gaillard! il n'y va pas de main morte, à ce qu'il paraît. Je te confesse même que je ne suis pas tout à fait tranquille pour nous qu'il tient assiégés en ce moment... Tu as fait ton devoir de brave officier! Il n'y a pas de honte à être vaincu, surtout quand on a affaire à des gaillards dix fois plus nombreux... Une meilleure occasion se présentera... et tu pourras prendre une bonne revanche... Sois tranquille, je tâcherai de te la donner cette occasion. Ah çà, mais comment ce démon de Pougatscheff t'a-t-il épargné quand il faisait tuer tout le monde ou à peu près?... Comment as-tu pu venir nous rejoindre à Orenbourg?

MICHAEL. Général, c'est le hasard qui m'a sauvé. Lorsque Pougatscheff entra dans Belogorsk, je vis tomber sous mes yeux le digne commandant de la citadelle, frappé au cœur; sa femme, qui était accourue, tomba expirante elle-même en voulant, dans son intrépidité, lui faire un rempart de son corps... Marie était orpheline!... Je fus conduit, avec d'autres officiers, devant Pougatscheff, qui répandait la terreur dans la ville et livrait à d'insatiables exécuteurs les défenseurs de Belogorsk. Mon heure était venue, mais la hache s'arrêta au-dessus de ma tête à la voix de Pougatscheff. Cet homme m'avait reconnu pour lui être venu en aide, dans une steppe sur le chemin d'Orenbourg. Il s'écria qu'il savait être reconnaissant autant qu'inflexible et redoutable. Je fus sauvé. Je restai libre, et Pougatscheff voulut qu'on me laissât venir auprès de vous. « Pars, me dit-il; tu m'es sacré, car je te dois peut-être d'avoir échappé à la mort ou à la captivité... Lorsque tu le rencontras dans la steppe, Pougatscheff se trouvait dans un moment suprême, et ton secours lui valut de continuer son entreprise. » C'est ainsi que j'ai pu vous retrouver... Et maintenant, général... accueillez ma demande... Il n'y a pas loin d'ici à Belogorsk!... Autorisez-moi à voler au secours de ses pauvres habitants, et je vous promets que je les aurai bien vite délivrés!... Nous le pouvons... pourquoi ne pas leur venir en aide?

LE GÉNRRAL. Comme tu y vas! Et la responsabiliié qui pèse sur moi, tu en fais bon marché vraiment. Non! non! avant de me lancer dans une entreprise qui pourrait avoir les conséquences les plus graves pour Orenbourg, il faut que je soie d'accord avec les officiers civils et les principaux bourgeois de la cité. Mon pouvoir a des limites qu'il ne m'est pas permis de franchir à mon gré.

MICHAIL. Pardonnez-moi d'insister, général; mais, ce qu'il faut, croyez-moi, c'est agir promptement et non pas délibérer.

LE GÉNÉRAL. Mon ami, je ne prendrai aucune résolution avant que ceux que j'ai convoqués ne m'aient donné leur avis.

SCÈNE III.

LES MÊMES, KALOUGA.

KALOUGA. Général...

LE GÉNÉRAL. Que me veux-tu?

KALOUGA. Les membres du conseil sont là.

LE GÉNÉRAL. Introduis-les. (*Kalouga sort. A Michaël.*) Ils arrivent à propos.

MICHAEL. Je me retire, général...

LE GÉNÉRAL. Non, pas... reste, au contraire... Je tiens à ce que tu assistes à cette conférence et même que tu y donnes ton avis. (*Kalouga introduit les conseillers et les bourgeois, puis il se retire.*)

SCENE IV.

LE GOUVERNEUR, MICHAEL, PLUSIEURS CONSEILLERS, DES BOURGEOIS.

LE GÉNÉRAL. Bonjour, messieurs; soyez les bienvenus... Prenez place. (*On s'assied.*) Messieurs, je vous félicite de l'empressement que vous avez mis à vous rendre à mon appel.

1er CONSEILLER. Dans une circonstance aussi impérieuse, quand la cité est en péril, c'est à nous de donner l'exemple du dévouement.

LE GÉNÉRAL. Très-bien, monsieur le conseiller... Vous le savez tous, un sujet rebelle a eu la témérité de venir assiéger cette ville. Il menace de mettre tout à feu et à sang dans Orenbourg, si nous ne lui en ouvrons pas les portes, et surtout si nous refusons de le reconnaître pour le tzar Pierre III... Vous savez quel a été le sort de la malheureuse forteresse de Belogorsk... Mais nous sommes, nous, pour lutter contre cet audacieux, dans des conditions infiniment plus avantageuses. Ce que je désire connaître c'est votre opinion sur la manière dont il faut agir envers les rebelles. Est-ce offensivement ou bien défensivement?... Donnez-moi votre avis sur ce point... (*Se tournant vers Michaël.*) Vous, d'abord, lieutenant, qui avez vu de près les adversaires, qu'à notre tour nous avons à combattre.

MICHAEL. Mais, général, mon opinion vous est connue... Je viens de vous la dire...

LE GÉNÉRAL. N'importe. Nous sommes en conseil... parlez... parlez devant ces messieurs...

MICHAEL. Eh bien, messieurs... je suis pour l'offensive... convaincu que Pougatscheff n'est pas en état de résister à des forces disciplinées.

1er CONSEILLER, *se levant.* Oh! oh! jeune homme... prenons garde... Je crois, moi, tout en rendant justice à la bravoure de nos soldats, qu'il vaudrait mieux, au contraire, agir défensivement. Nos murailles sont solides... nos remparts garnis de bonnes pièces de canon... Il serait d'une meilleure tactique de fatiguer d'abord l'ennemi, afin de l'exterminer plus sûrement après. (*Il s'assied.*)

MICHAEL. Mais, pendant ce temps, les rebelles grossiront leurs rangs... ils se disciplineront... N'ont-ils pas fait trop de victimes déjà.

2me CONSEILLER. Je pense, moi, messieurs, qu'il ne faudrait agir ni offensivement, ni défensivement.

1er CONSEILLER. Comment!... ne pas agir du tout? Allons donc!... allons donc!...

LE GÉNÉRAL. Et vous, messieurs les bourgeois... votre avis?

UN BOURGEOIS, *se levant.* Général, le commerce ne va pas... on ne vend rien... ce qui devient très-inquiétant pour les échéances... Voilà, général.

LE GÉNÉRAL. Très-bien; mais votre avis...

LE BOURGEOIS. Le commerce ne va pas, général, voilà notre avis. (*Il s'asseoit.*)

LE GÉNÉRAL. Monsieur le premier conseiller, je vous prie de recueillir les voix. (*On se groupe autour du premier conseiller. Tout à coup une discussion s'élève, ils se mettent à crier tous à la fois :* —Il a raison! — Oui! — Non! — C'est mon avis! — Ce n'est pas le mien! — C'est incroyable! — C'est la perte de la ville!)

LE GÉNÉRAL. Du calme, messieurs... du calme!... (*Tout le monde se rasseoit.*)

1er CONSEILLER. Général, à la presque unanimité on est d'avis qu'il faut se renfermer dans la défensive.

LE GÉNÉRAL. Ce n'est pas ma manière de voir, messieurs, non... Je suis tout à fait de l'avis du lieutenant Michaël. (*Mouvement de joie de Michaël. — Tout le monde se lève.*)

2me CONSEILLER. Général, général! ne vous laissez pas entraîner par votre courage. Ne dédaignez pas les sages et prudents avis de la majorité. Il y va de la conservation des provinces de Sa Majesté Impériale.

LE GÉNÉRAL. Tranquillisez-vous, messieurs, je me bornerai, ainsi que vous le souhaitez, à attendre l'ennemi... mais, si d'aventure nous n'étions pas assez forts pour lui résister, ma résolution est prise aussi : je ferai sauter la ville!... Le conseil est levé. (*Mouvement, agitation entre les personnages qui s'agitent de nouveau entre eux. Le général leur impose silence.*) Messieurs, vous êtes libres que votre zèle et votre dévouement ne se ralentissent pas. Je compte sur vous... comptez sur moi.

1er CONSEILLER, *aux Bourgeois.* Sauter la

ville !... C'est que ce diable de goutteux est capable de le faire comme il le dit... Général, nous avons l'honneur... (*Ils sortent.*)

UN BOURGEOIS, *avec désespoir*. C'est vous qui en êtes cause... (*Il sortent en se disputant.*)

SCÈNE V.

LE GÉNÉRAL, MICHAEL, *puis* KALOUGA.

LE GÉNÉRAL, *appelant*. Kalouga !

KALOUGA *entre*. Présent, général.

LE GÉNÉRAL. Mon chapeau, je vais aller visiter les remparts et donner mes ordres.

KALOUGA, *apportant le chapeau*. Voilà, général. (*Se plaçant ensuite dans l'attitude d'un soldat qui salue, il présente un papier au général.*)

LE GÉNÉRAL. Qu'est-ce que c'est? (*Il déplie le papier et lit.*) « Conformément à l'or- » dre du général, j'ai administré au cosaque » Kalouga cinq vigoureux coups de knout » entre les deux épaules. » (*Parlé.*) Ah! bien, c'est le reçu?

KALOUGA. Oui, général.

LE GÉNÉRAL. Ton bras, Michaïl. (*Ils sortent.*)

SCENE VI.

KALOUGA *seul*, *puis* TARTANAC.

KALOUGA. Le sergent il a fait la chose trop en conscience.

TARTANAC, *entrant*. Eh! bonjour donc, mon brave Kalouga! (*Il lui frappe sur l'épaule, Kalouga s'éloigne en jetant un cri.*) Eh! mon Dieu... qu'as-tu donc ce matin? Tu m'accueilles avec une vilaine grimace. Tu n'as pas l'air très-émerveillé de me voir; est ce que tu m'en veux?

KALOUGA. Non, ce n'est pas ça... c'est que... (*Se rapprochant de Tartanac et lui tendant la main.*) Bonjour, moussié Tartanac.

TARTANAC. A la bonne heure... je ne reconnaissais plus mon Kalouga d'hier au soir. Ah! elle a été bonne la soirée, hein! et le vin du général, aussi, est bon; il me semblait que j'avalais toutes les vignes de mon pays!... Je suis enchanté d'avoir fait sa connaissance. Il se laisse boire; c'est un véritable velours.

KALOUGA. Oui, moussié Tartanac, oui... mais le général, il me l'a fait payer ce matin, son vin.

TARTANAC. Commemt, le général?

KALOUGA. Il s'est aperçu que vous aviez descendu à la cave... que vous n'en étiez pas remonté les mains vides... et afin de vous faire savoir que cela ne lui convenait pas, il m'a fait donner par le sergent de garde cinq coups de knout entre les deux épaules.

TARTANAC, *amicalement*. Oh! mon pauvre Kalouga! Ah çà, mais c'est un rustre, ton général. Voyons, n'a-t-il pas dit à mon élève Michaël : Tu es ici chez toi.

KALOUGA. Oui, oui.

TARTANAC. Eh bien, j'ai dû croire et j'ai ce qu'il disait. J'ai agi comme j'avais l'habitude d'agir à Moscou, à Bélogorsk, comme chez moi; enfin... car vois-tu, ce qui est à l'élève, en fait de cave surtout, a toujours été à la discrétion du professeur. (*Il frotte doucement les épaules à Kalouga.*) Ça te fait mal, hein?

KALOUGA. Eh! eh! assez, moussié Tartanac... assez! oh! mais ça se passera... ça se passera.

TARTANAC. Ça se passera... rustre... Bestias... je te dédommagerai de cette mésaventure, va... sois tranquille, je t'apprendrai à danser la gavotte. Ils ne la savent pas ici... tu la sauras tout seul, et puis je t'apprendrai à chanter des romances gasconnes... tiens, pour te guérir, je vais t'en chanter une, le Petit Pâtre :

Quand j'étais chez mon père,
Enfant petit
J'allais dans la bruyère
Chercher des nids.
Au chant de l'alouette,
Je veille, je dors,
J'écoute l'alouette,
Et je m'endors !

KALOUGA, *joyeux*. Oh! (*Kalouga saute de joie, mais il s'arrête tout aussitôt et reporte les mains à ses épaules.*)

SCÈNE VII.

LES MÊMES, MAXIMITCH.

MAXIMITCH, *entrant vivement*. Je voudrais parler au général.

KALOUGA. Le général, il est dehors, dans la ville, ou sur les remparts.

TARTANAC, *fixant Maximitch*. Eh mais, je ne me trompe pas... je n'ai pas la berlue; c'est Maximitch de Belogorsk.

MAXIMITCH. Lui-même, monsieur Tartanac... salut!

TARTANAC. Il faut que tu aies un fameux toupet d'oser te présenter ici après nous avoir tourné casaque, comme tu l'as fait à l'attaque de la citadelle.

MAXIMITCH. Vous me faites injure, monsieur Tartanac; ce n'est pas moi qui ai tourné casaque, mais les coquins que je commandais. Je soupçonnais ce qui est arrivé. Le commandant Mironoff n'a pas voulu me croire, et ils l'ont tué! La pauvre Vassilissa, aussi!... J'en ai encore le cœur tout chagrin... Vous n'avez pas l'air de me croire, et pourtant je dis la vérité.

TARTANAC. Tu dis la vérité... cependant je t'ai vu fraterniser, après l'assaut, avec les gens de Pongastcheff.

MAXIMITCH. Je crois bien... sans cela, j'aurais été pendu ou étranglé comme tant à autres. Mais aussitôt que j'ai trouvé l'occasion de m'échapper, je l'ai fait, et la preuve, c'est que me voici. Si j'avais quelque chose à me reprocher, croyez-vous que je viendrais me mettre ainsi moi-même dans la gueule du loup? Non, non, j'ai toujours bien fait mon devoir, et je le fais encore en ce moment en venant apporter cette lettre au général, de la part du commandant de Nijnérosen, et celle-ci... (*Il en tire une autre de sa poche.*) Au lieutenant Michaël, de la part de Marie Mironoff.

TARTANAC. Une lettre de Marie.

MAXIMITCH. Oui, moussié Tartanac. Je lui ai juré de tout faire pour parvenir à la remettre au lieutenant, et, vous le voyez... jé tiens parole.

TARTANAC. Mon brave Maximitch, je regrette vraiment de t'avoir si mal jugé... mais que veux-tu? les apparences étaient contre toi... Ta main... ta main!... Michaël va être bien heureux, et il ne sera pas ingrat envers toi, va! sois tranquille! Et que fait-elle?... Qu'est-elle devenue, cette pauvre Marie?

MAXIMITCH. La lettre vous apprendra tout cela... Il faut, moi, que je voie au plus vite le général. (*A Kalouga.*) Conduis-moi près de lui... n'importe où il sera.

KALOUGA. A vos ordres, camarade.

MAXIMITCH. Au revoir, moussié Tartanac.

TARTANAC, *lui serrant la main.* Au revoir, mon brave, au revoir! (*Maximitz et Kalouga sortent.*)

SCENE VIII.

TARTANAC, *seul, puis* MICHAEL.

TARTANAC. Eh vite, tachons de rejoindre Michaïl. (*Il remonte.*) Eh! mais, je l'aperçois, je crois... oui, c'est lui... Eh! Michael!... (*Michaïl entre vivement. Tartanac lui montrant la lettre.*) Une lettre... une lettre de Marie...

MICHAEL. Oui, oui, je sais... le Cosaque que je viens de rencontrer me l'a dit... Donne... donne vite. (*Il brise le cachet et lit.*) « Michaël, Dieu m'a séparée à jamais de » mon père et de ma mère... je suis seule » au monde... je n'ai plus que vous pour » appui, ne m'abandonnez pas. Le traître et » lâche Yvan s'est rallié à Pougatscheff, il commande à Bélogorsk à la place de mon pau» vre père. La bonne Akoulina, l'épouse du » pope Garassim, m'avait recueillie et cachée » chez elle. Mais Yvan est parvenu à décou» vrir ma retraite... Il veut me contraindre » à devenir sa femme... Pour arriver à son » but, il ne reculera ni devant la violence, ni » devant un crime! Je n'ai d'espoir qu'en » vous... par grâce, par pitié, sauvez-moi » d'un malheur qui me serait mille fois plus » affreux que la mort!... MARIE MIRONOFF. » (*Parlé.*) Pauvre Marie! oh! non, non, ton espoir ne sera pas trompé non, je ne t'abandonnerai pas au malheureux sort qui t'attend!... Mais comment m'y prendre?... que faire?... Tartanac, viens-moi en en aide, car, vois-tu, je n'ai plus la tête à moi... cette lettre m'a rendu fou!...

TARTANAC. Les moyens... que nous avons à employer ne sont pas nombreux, je n'en vois qu'un.

MICHAEL. Lequel.

TARTANAC. Il faut tâcher d'intéresser le général en ta faveur... partir à la tête d'une centaine d'hommes bien résolus... tomber à l'improviste sur Belogorsk... balayer tout ce qui s'y trouvera... délivrer Marie et la ramener avant même que Pougatscheff ait eu vent de notre expédition.

MICHAEL. Le général n'y consentira pas... Il est déterminé à se renfermer dans la défensive.

TARTANAC. Alors Marie est perdue.

MICHAEL. Ne dis pas cela, Tartanac... ne dis pas cela.

TARTANAC. A quoi bon te donner une fausse espérance?

MICHAEL. Ainsi, par ruse ou par audace, tu ne vois nul moyen?

TARTANAC. Pas d'autre que celui que je viens de t'indiquer

LE GÉNÉRAL, *dans la coulisse.* Oui, Tartaïfe! oui, il le faut, je le veux.

TARTANAC. Le général!... allons du courage! tout vieux qu'il est, son cœur a palpité comme le tien, que diable! presse-le, supplie-le... et peut-être... réussiras-tu.

MICHAEL. Oui, oui, tu as raison.

SCÈNE IX.

LES MÊMES, LE GÉNÉRAL, *puis* KALOUGA.

MICHAEL, *allant vivement à lui.* Général, je m'adresse à vous comme à un père... accordez-moi une compagnie... cinquante hommes... moins si vous voulez... et laissez-moi voler à son secours!... laissez-moi la sauver!...

LE GÉNÉRAL, *stupéfait.* Qu'est-ce que c'est?... qu'est-ce que c'est?... tu as la figure tout bouleversée!... Est-ce que tu as perdu la raison?

MICHAEL. Plût au ciel, mon Dieu! mais hélas! je ne l'ai que trop ma raison, pour voir toute l'étendue de mon malheur.

LE GÉNÉRAL. Quel malheur?... De qui parles-tu? qui veux tu sauver?

MICHAEL. Marie Mironoff.

LE GÉNÉRAL. La fille du vieux Mironoff, l'ancien gouverneur de Belogorsk, mon ami!

MICHAEL. Oui, général, un brave soldat qu'ils ont lâchement tué.

LE GÉNÉRAL. Mais sa fille... sa fille? où est-elle?

MICHAEL. Chez le pope Garassim qui l'a recueillie... mais elle est en proie au plus grand danger. Tenez, voyez, voyez ce qu'elle écrit. (*Il lui donne la lettre.*) Oh! vous aurez pitié d'elle... vous me mettrez à même de la secourir... elle est si jeune... si à plaindre!...

LE GÉNÉRAL, *tout en lisant des yeux.* Oui... oui, c'est triste, vraiment.. pauvre petite. Cet Yvan, c'est un coquin, que j'aurais grand plaisir à faire fusiller.

MICHAEL. Eh bien, fiez-vous à moi. général, chargez-moi du soin de vous l'amener. Donnez-moi des soldats...

LE GÉNÉRAL. Des soldats! oh! impossible, mon garçon... impossible.

MICHAEL. Je vous réponds du succès.

LE GÉNÉRAL. Impossible, te dis-je.

TARTANAC, *à part.* Ça ne prend pas.

LE GÉNÉRAL. Faire une sortie... dégarnir la ville de ses défenseurs au moment où Pougatscheff va peut-être cette nuit nous donner l'assaut.

MICHAIL. Cette nuit?...

LE GÉNÉRAL. Je viens d'en recevoir l'avis. Les brigands comptent nous surprendre, et j'ai à cœur de leur donner un bon petit échantillon de notre savoir-faire. Tout le monde est à son poste. Les portes de la ville sont fermées, ordre est donnée même de ne les ouvrir que sur un permis signé de moi.

TARTANAC. Ça va toujours bien.

LE GÉNÉRAL. Tu vois donc, Michaël, que tout en plaignant cette pauvre jeune fille, il ne m'est pas possible, pour le moment de lui venir en aide. Nous verrons plus tard. (*Appelant.*) Kalouga.

KALOUGA. Général.

LE GÉNÉRAL. Prépare du feu dans ma chambre à coucher... une table, des cartes et une bonne bouteille de rhum.

KALOUGA. Tout de suite, général. (*Il entre à gauche.*)

LE GÉNÉRAL. Michaël, nous allons passer la nuit en bons camarades, en jouant.. en trinquant.. et en fumant. Ça te distraira un peu.. ça te fera du bien! Et en cas d'attaque nous serons plus tôt sur pied.

MICHAEL. Pardon, général, mais cela m'est impossible... Je suis de service cette nuit. Il faut que je me rende à mon poste.

LE GÉNÉRAL. C'est différent.

TARTANAC, *à part.* Quelle craque!

LE GÉNÉRAL. Eh bien, monsieur Tartanac le remplacera, il restera avec moi... (*A Tartanac*). Mon rhum est pour le moins aussi bon que mon vin... vous verrez.

TARTANAC. Je les connais tous les deux.

LE GÉNÉRAL. Il n'y a pas moyen de lui ménager une surprise.

KALOUGA, *rentrant.* Tout est prêt, général. (*Il sort.*)

LE GÉNÉRAL. Très-bien... Allons. (*Il entre dans la chambre.*)

TARTANAC, *vivement à Michaël.* Tu as un projet, Michael?

MICHAIL. Oui.

TARTANAC. Lequel?

MICHAIL. Les portes de la ville sont fermées... Mais le fleuve coule au bas de cette fenêtre...

TARTANAC. Eh bien?

MICHAIL. Par là j'arriverai où je veux aller.

TARTANAC. Où donc?

MICHAIL. A la forteresse de Belogorsk!... Au revoir! (*Il saute par la fenêtre.*)

TARTANAC, *stupéfait.* Hein!... il a fait le plongeon.

LE GÉNÉRAL, *paraissant sur le seuil de la porte.* Eh bien, monsieur Tartanac, je vous attends!...

TARTANAC, *à part.* Que le diable emporte, lui, ses cartes et son rhum!... (*Haut.*) Me voilà, général, me voilà! (*A part.*) Oh! mais pas pour longtemps! (*Au général.*) Vous êtes pressé de faire votre petite partie, général.

LE GÉNÉRAL. Mais oui... assez...

TARTANAC. Et vous voulez me tâter...

LE GÉNÉRAL. Sans doute.

TARTANAC. Ça ne va... je le veux bien!

Septième Tableau.

Le camp de Pougatscheff — Au fond, une colline très-elevée, site agreste, ravins profonds; il est nuit, des soldats cosaques et tartares, des paysans sont groupés çà et là. Les uns boivent, d'autres mangent ou fument. Par terre, le butin des prises faites. Les chevaux sont attachés à des arbres. Pougatscheff est entouré des principaux chefs des révoltés, à sa droite, est Bilodoroff, à sa gauche, est Athanase Sokoloff. Des femmes diversement costumées sont parmi les rebelles, les unes versent à boire, les autres dansent.

SCENE PREMIERE.

POUGATSCHEFF, BELODOROFF, SOPOLOFF, DEMITRI, PIOTZ, GRÉGORI.

CHOEUR.

Déployons la sainte bannière,
Marchons! le ciel nous soutiendra.
En avant! et gloire au tzar Pierre,
Nous le voulons! ou bien la guerre,
La mort à qui résistera.
Hurra! hurra!

BALLET.

Après le ballet un grand tumulte se fait entendre. Des Tartares amènent Michaël, qui se débat entre leurs mains.

SCENE II.

LES MÊMES, MICHAEL.

POUGATSCHEFF. Qu'est-ce?... Qu'y a-t-il?

L'OFFICIER. Tzar, on a surpris cet homme au moment où il cherchait à franchir nos premières lignes ; il a pris la fuite. On s'est élancé à sa poursuite. Alors s'arrêtant tout à coup il a mis l'épée à la main. Deux des nôtres ont été blessés, et ce n'est qu'à grand'-peine que l'on est parvenu à le saisir et à l'amener jusqu'ici.

TOUS. A mort, à mort!

POUGATSCHEFF, *d'une voix forte*. Silence! (*Le calme se rétablit.*)

BELODOROFF. C'est l'officier que tu as épargné à la prise de Belogorsk, il répond à ta générosité par la trahison.

POUGATSCHEFF. Qu'en sais-tu?... Faites approcher cet officier. (*On obéit.*) Quel motif a fait sortir ta seigneurie d'Orenbourg? Que faisais-tu la nuit si près de mon camp? Quelle raison t'y amenait? Tu ne réponds pas... prends garde! Tu as entendu ce dont on t'accuse.

MICHAEL. Une telle accusation ne saurait m'atteindre. Je porte une épée et je méprise les espions. Je suis sorti d'Orenbourg au péril de ma vie, en me jetant dans le fleuve que j'ai traversé à la nage. Je cherchais à gagner Belogorsk lorsque tes sentinelles m'ont surpris.

POUGATSCHEFF. Qu'allais-tu faire à Bologorsk?

MICHAEL. Un motif personnel m'y conduisait.

POUGATSCHEFF. Lequel?

MICHAEL. J'allais tenter de délivrer une jeune fille.

POUGATSCHEFF. Que tu aimes sans doute?

MICHAEL. Par dessus tout au monde. Un des tiens l'opprime. Il veut la contraindre à l'épouser.

POUGATSCHEFF. Le nom de cet homme?

MICHAEL. Yvan.

POUGATSCHEFF. En effet, oui, c'est lui qui commande à Belogorsk; mais je ne l'ai pas investi du pouvoir pour qu'il en abuse. Je ne veux pas qu'il opprime mon peuple. J'entends être le seul maître! Tu m'as bien dit la vérité?

MICHAEL. Sur mon honneur de soldat, je le jure. Et puisque le hasard m'a remis en ta présence; je n'hésite pas à t'implorer en faveur de cette pauvre jeune fille. Viens-lui en aide; sauve-la, ne repousse pas ma prière et je te serai à jamais reconnaissant...

BELEDOROFF Tzar, veux-tu me permettre de dire un mot?

POUGATSCHEFF. Parle.

BELODOROFF, *désignant Michaël*. Cet homme n'a pas à te demander justice, il est notre adversaire, notre ennemi. S'il veut que tu t'intéresses à sa fiancée, qu'il te jure avant tout soumission et fidélité.

TOUS. Oui!... oui!...

POUGATSCHEFF. Silence!... Cet homme m'a sauvé la vie, et ami, ou ennemi, je veux qu'il soit sacré pour vous, Ma kibitka. (*On l'amène.*) Mettez-vous à la tête de l'escorte qui va m'accompagner. (*A Michaël en lui désignant la kibitka*). Monte ta seigneurie. (*Michaïl monte dans la kibitka. Pougatscheff s'y place, prend les rênes qu'on lui présente, puis debout et à tous.*) Enfants, je vous promets pour demain une nouvelle victoire. Demain nous donnerons l'assaut à la ville d'Orenbourg!

TOUS. Vive le tzar! (*Acclamation. La kibitka s'éloigne.*)

Huitième Tableau.

Chez le Pope. — Intérieur simple et rustique. Portes au fond, portes latérales. Un grand tableau attaché à la boiserie de la muraille. Au lever du rideau, le Pope Garassim entre avec Savelisk.

SCÈNE PREMIÈRE.

GARASSIM, SAVELITCH.

GARASSIM. Ainsi, voilà qui est convenu, n'est-ce pas, Savelitch?

SAVELITCH. Oui, la nuit venue, j'attellerai les chevaux à ma kibitka couverte, et tout aussitôt je viendrai.

GARASSIM. Pour ne pas éveiller de soupçons, tu laisseras la kibitka derrière le mur de l'église, et tu ne viendrais me prévenir en passant par le jardin. Tiens, en voici la clef.

SAVELITCH. Bon.

GARASSIM. Sois prudent!

SAVELITCH. Soyez tranquille! (*Il sort.*)

SCENE II.

GARASSIM *puis* AKOULINA *et* MARIE.

GARASSIM, *seul*. Oui, oui... il n'y a pas d'autre parti à prendre. Maintenant, de peur de surprise, fermons bien la porte. (*Il met le verrou à la porte du fond*) Et donnons un peu d'air et de liberté à cette pauvre Marie... (*Il se dirige vers le tableau et le fait mouvoir. On aperçoit une petite pièce, éclairée par une lampe. Appelant.*) Akoulina! Marie! Venez!.. venez!... (*Marie est d'une extrême faiblesse, Akoulina la soutient et la fait asseoir.*) Eh bien! chère enfant, comment vous trouvez-vous, aujourd'hui?

MARIE. Un peu mieux, mon père...

GARASSIM. Vous avez commis hier au soir une grande imprudence!... Comment, Akoulina, as-tu pu consentir?

AKOULINA. Elle m'a suppliée avec tant d'instance, que je n'ai pas eu la force de résister.

GARASSIM, *sévèrement*. Tu as eu tort... grand tort..

MARIE. Oh! ne lui en veuillez pas... J'avais tant besoin de m'agenouiller et de prier à la place où reposent mon père et ma pauvre mère... Depuis que j'ai accompli ce pieux devoir, il me semble que je souffre moins, je suis résignée...

GARASSIM. Oui, mais vous pouviez être aperçue, et rendre inutile alors l'innocent mensonge que j'ai fait en disant que vous aviez disparu tout à coup et que j'ignorais ce que vous étiez devenue

MARIE. Pardonnez-moi... J'abuse de votre dévouement... Votre existence, autrefois si paisible, si calme, la voilà changée à cause de moi...

GARASSIM. N'est-ce pas mon devoir de venir en aide à qui souffre ici bas?

MARIE. Ce devoir, vous le remplissez avec une bonté qui fait de vous le meilleur des hommes, de même qu'Akoulina est, elle aussi, la plus dévouée des femmes. Sans vous, que serais-je devenue, hélas! Ou plutôt pourquoi n'ai-je pas disparu dans la sanglante catastrophe qui m'a séparée de tout ce qui m'était cher,

GARASSIM. Ayez foi en Dieu, il mettra un terme à vos souffrances.

MARIE. Si je me plains, ce n'est pas un murmure contre lui, c'est que je suis effrayée, non-seulement du malheur qui pèse sur moi, mais encore de celui que je puis attirer sur vous, sur Michaël... Je voudrais ne pas lui avoir écrit... Et vous, que n'auriez-vous pas à redouter de cet Yvan, s'il venait à découvrir que vous l'avez trompé pour me soustraire à lui... Il ne vous pardonnerait pas, allez!

AKOULINA. Ne vous alarmez pas ainsi... calmez-vous.

GARASSIM. Elle a raison... affaiblie comme vous l'êtes, voulez-vous donc rendre inutile un dévouement qui fait notre joie la plus grande?... Au surplus, chère enfant, comme la rebellion de Pougatscheff prend chaque jour plus d'importance, et que peut-être on ne pourra l'avoir réprimée de sitôt... j'ai dû aviser, et j'ai réussi. Savelitch, qui était si attaché à votre père, s'est chargé de vous conduire cette nuit par des chemins peu fréquentés, jusquà Niijgnérosen... ma femme vous accompagnera.

AKOULINA. Ah! oui, oui, car pour rien au monde je ne quitterais cette chère enfant.

GARASSIM. Savelitch est un homme prudent et sûr... Vous arriverez promptement à Nijnérosen. Une fois là, vous serez accueillie par ma sœur, chez laquelle vous resterez jusqu'à des jours meilleurs.

AKOULINA. Jusqu'au moment où le bon Dieu vous réunira à Michaël... car il vous réunira, Marie, et donnera à mon pauvre Garassim la joie de bénir votre union.

MARIE. Je ne sais que vous dire... ni comment je pourrai jamais reconnaître... Oh! que vous êtes bons! que vous êtes bons!... (*Elle se jette dans les bras d'Akoulina. On frappe.*)

GARASSIM. On a frappé... vite! vite! Rentrez, Marie, rentrez... (*On frappe de nouveau pendant qu'il fait rentrer Marie.*)

UNE VOIX, *en dehors.* Au nom du gouverneur, ouvrez.

MARIE, *effrayée.* Du gouverneur!...

GARASSIM, *la poussant dans la chambre.* Allez!... (*Il fait redescendre le tableau, puis, à sa femme.*) Ouvre. (*Il prend un livre et s'assied.*)

SCENE III.

AKOULINA, GARASSIM, YVAN, SOLDATS.

YVAN. Avant de vous décider à ouvrir, vous y mettez bien de la reflexion.

GARASSIM. Ma femme était occupée dans l'autre pièce... J'étais, moi, en prière, et je ne sache pas que j'aie à me déranger, même quand on frapperait au nom du gouverneur.

YVAN. Garassim, tâche de ne pas oublier à qui tu parles... Je suis gouverneur et maître absolu à Bélogorsk... ne me force pas à t'apprendre qu'on ne me brave pas impunément.

GARASSIM. Je ne crois pas t'avoir manqué de respect en répondant ce que j'ai répondu. Qui t'amène dans ma demeure?... que veux-tu de moi?...

YVAN. Que tu cesses de me tromper en me disant que Marie Mironoff s'est enfuie. Où est-elle?... qu'est-elle devenue?...

GARASSIM. Je n'ai rien à ajouter à ce que je t'ai dit.

YVAN, *à Akoulina.* Et toi, femme, te renfermes-tu aussi dans la même réponse?

AKOULINA. Vous avez fait visiter la maison de fond en comble... faites-la visiter encore... et vous verrez.

YVAN. Il peut se faire que Marie ne soit pas ici, mais je sais qu'elle n'a pas quitté Bélogorsk... La preuve, c'est qu'hier au soir on t'a aperçu sortant du cimetière avec elle.

GARASSIM, *à part.* Ciel!

AKOULINA, *à part.* Mon Dieu!

YVAN, *à Akoulina.* Que réponds-tu à cela?

AKOULINA. Qu'on s'est trompé.

YVAN. Alors tu persistes à nier?

AKOULINA. Oui.

YVAN. Il est, vous le savez, des moyens d'arracher la vérité à ceux qui refusent de la dire... Prenez garde!... mes soldats sont là... ne me poussez pas à bout... Une dernière fois, persistez-vous à me cacher où est

Marie Mironoff?... Vous ne répondez pas? eh bien! alors, qu'on entre... (*Marie s'élance de derrière le tableau.*)

SCÈNE IV.

LES MÊMES, MARIE.

MARIE Arrêtez! arrêtez!

YVAN. Je la retrouve donç!

MARIE, *à Yvan.* Pardonnez-leur de vous avoir trompé, c'est par dévouement pour moi. Vengez-vous, mais pas sur eux! pas sur eux. Grâce! grâce.

YVAN. Cela dépend de vous, Marie! vous savez à quel point je vous aime... Eh bien! ne me repoussez plus, jurez-moi de devenir ma femme. Je les épargnerai. Je leur ferai grâce.

AKOULINA. Marie, cet homme est un traître...

GARASSIM. Le sang de ton père et de ta mère s'élève entre vous deux, Marie!

YVAN. Ah! je vous ferai chèrement payer à tous deux ces insolentes paroles. (*A ses cosaques.*) Emmenez-les.

MARIE. Non! arrêtez! attendez! Laissez-moi vous dire.

YVAN. Je ne veux rien entendre... ils mourront, et toi, tu m'appartiendras... Personne, personne au monde ne pourra t'arracher de mes mains.

SCENE V.

LES MÊMES, POUGATSCHEFF, MICHAEL.

POUGATSCHEFF, *entrant vivement avec Michaïl.* Excepté moi, pourtant!

YVAN, *reculant de surprise.* Pougatscheff!

LES SOLDATS. Le tzar!

MARIE, *courant à Michaël.* Michaël!

MICHAEL, *à Ivan.* Misérable!...

POUGATSCHEFF. Ton épée au fourreau, Michaël. C'est à moi qu'il appartient de faire justice.

GARASSIM, *à lui-même.* Michaïl avec Pougatscheff, que signifie?

POUGATSCHEFF. C'est là cette jeune fille dont tu m'as parlé?

MICHAEL. C'est elle.

POUGATSCHEFF. Cessez de trembler, jeune fille, je suis le tzar, je viens vous rendre à la liberté. Vous êtes donc seule au monde?

MARIE. Seule.

POUGATSCHEFF. Depuis quand et comment avez-vous perdu vos parents?... Répondez-moi.

MARIE, *avec effort.* Ils ont été tués.

POUGATSCHEFF. Par qui? (*Marie ne répond pas.*) Ne craignez pas de répondre. Qui les a tués?

MARIE, *cachant sa tête dans ses mains.* Ceux qui vous obéissent. (*Akoulina et Garassim se rapprochent d'elle.*)

POUGATSCHEFF. Mes soldats! où... quand? Parle, Michaël. Eh quoi! toi aussi, tu gardes le silence! pourquoi?... Que signifie?...

YVAN, *à part.* Ah! tout n'est pas encore perdu.

POUGATSCHEFF. Je veux pourtant savoir quelle est cette jeune fille. Son nom? Quel est son nom?

YVAN. Elle se nomme Marie Mironoff, tzar. Elle est la fille du commandant qui défendait cette forteresse.

POUGATSCHEFF. Est-ce vrai?

MICHAEL. Oui.

POUGATSCHEFF. J'aurais voulu plus de franchise de ta part. Pourquoi ne m'avoir pas dit toute la vérité?

MICHAEL. Son père a combattu contre toi, et je craignais...

POUGATSCHEFF. Il a fait son devoir, et j'ai été, moi, forcé d'outrepasser le mien! Dans la route où je marche, route sanglante et fatale, le pied glisse souvent et l'on ne s'arrête pas toujours quand on le voudrait. On dit que j'aime à verser le sang, ce n'est pas vrai, ce sont ceux que je commande qui sont des pillards, et je suis souvent forcé de les laisser faire! Ma présence doit être pénible à cette jeune fille, je vais la lui épargner. (*A Yvan.*) Place-toi à cette table et écris : « Ordre de laisser passer librement le lieutenant Michaël, et qui l'accompagnera, et cela sous peine de la vie pour qui n'obéirait pas. » Donne que je signe. (*Il signe.*)

YVAN, *à part.* Tu me l'enlèves, Pougatscheff, mais j'aurai ma vengeance!

POUGATSCHEFF, *remettant le sauf conduit à Michaïl.* Retourne parmi les tiens ou reste, à ton gré, tu es libre de choisir.

MICHAEL. Pougatscheff, tu es implacable et terrible pour tous, excepté pour moi.

POUGATSCHEFF. Je ne sais ni récompenser ni punir à demi. Ne te dois-je pas la vie.

MICHAEL. N'as-tu pas, toi aussi, préservé la mienne! Tu fais plus encore aujourd'hui, et ce que tu fais, vois-tu, je voudrais pouvoir le payer au prix de tout mon sang.

POUGATSCHEFF. Je te crois, mais ta route n'est pas la mienne.

MICHAEL. Pourquoi ne pas rétrogader?

POUGATSCHEFF. Non, le temps du repentir est passé. Je continuerai comme j'ai commencé. Qui sait d'ailleurs, Grichka Otrepieff a bien éte tzar de Moscou!

MICHAIL. Et comment a-t-il fini?

POUGATSCHEFF. On l'a jeté par une fenêtre, on l'a massacré, on l'a brûlé, on a chargé un canon de sa cendre et on l'a dispersé à tous les vents.

MICHAIL. Eh bien, Pougatscheff?

POUGATSCHEFF. Eh bien, il en sera ce qu'il en sera, mais moi aussi je veux aller à Moscou. Te voilà réuni à celle que tu aimes, que

Dieu vous donne à tous deux le bonheur. (*Il lui tend la main.*) Adieu. Michaël, ou plutôt au revoir, car peut-être nous reverrons-nous encore. Yvan, nous avons un compte à régler ensemble. Suis-moi. (*Il sort, ainsi qu'Yvan et les soldats.*)

SCENE VI.

GARASSIM, AKOULINA, MARIE, MICHAEL.

MICHAEL, *à lui-même.* Etrange assemblage de sentimens généreux et d'instincts pervers!

AKOULINA, *à Marie.* Je te le disais bien que le bonheur reviendrait.

TARTANAC, *en dehors.* Michaël! Michaël!

MICHAEL. Cette voix. (*Courant au fond.*) Tartanac!

SCENE VII.

LES MÊMES, TARTANAC, *puis* SAVELITCH.

TARTANAC. Eh! pardieu! oui, c'est moi, et tu devais m'attendre, ce me semble! après le plongeon que je t'avais vu faire, et devinant fort bien ce que tu voulais entreprendre. Je n'étais pas homme, tu le conçois, à rester tranquillement à Orenbourg, comme un saint dans sa niche. Or donc, j'ai lestement trouvé un prétexte pour planter là le général, dont le rhum, soit dit en passant, n'était pas sans quelque charme pour un amateur. Pour sortir de la ville, je n'ai pas eu précisément recours au moyen que tu as employé, attendu que je nage comme la tour Saint-Michel; mais j'ai fait tant de zig-zags que malgré les portes closes je me suis trouvé dehors. Une fois libre, je me suis mis à ta piste, et il paraît que je ne l'ai pas trop mal flairée, car non-seulement me voici, mais de plus je suis au courant de tout ce qui t'est arrivé.

MICHAEL. Comment! tu sais?...

TARTANAC. Oui. Tu as été arrêté à moitié chemin et conduit à Pougatscheff qui a pris ta cause en main et t'a rendu ta promise... Malheureusement il n'a pas achevé son œuvre, car il vient d'épargner ce gueusard d'Yvan qui lui demandait grâce à genoux. Je te pardonne pour cette fois, a dit le grand homme, mais songe qu'à la première occasion, je te ferai pendre! A sa place, moi, j'aurais commencé par le faire pendre, quitte à lui faire grâce une autre fois. Ah çà, mais voyons, puisque les choses ont tourné plus heureusement que nous aurions pu l'espérer, dépêchons-nous de regagner Orenbourg afin qu'on ne pense pas que, comme des renégats, nous avons passé à l'ennemi.

MICHAEL. Tu as raison... seulement je rentrerai seul à Orenbourg.

TARTANAC. Comment seul?

MICHAEL. Dès que nous aurons franchi les lignes de Pougatscheff, je retournerai, moi, à mon poste, et toi, Tartanac, tu gagneras Moscou et tu conduiras Marie auprès de mon père et de ma sœur qui s'empresseront de la bien accueillir.

MARIE. Et quoi, Michaël...

MICHAEL. Je ne puis te laisser ici; si je t'emmenais à Orenbourg, ce serait t'exposer aux calamités d'un siége, ce serait ne t'avoir préservée d'un danger que pour te plonger dans un autre. Mon devoir accompli, je me hâterai de revenir près de toi, Marie, et alors rien... rien au monde ne pourra plus nous séparer.

GARASSIM. C'est le parti le plus sage, c'est là ce qu'il faut faire.

AKOULINA. Et si tu le veux, Garassim, puisque je devrais conduire Marie à Nijnerosen, eh bien, il n'y aura de changé que la route... je l'accompagnerai moi aussi jusqu'à Moscou. (*A Michaël.*) Et c'est moi, moi qui dirai à votre père et à votre sœur tout ce que vaut cette chère enfant, tout ce qu'elle a souffert, tout ce qu'il y a de bonnes qualités dans son cœur et ils l'aimeront, voyez-vous, comme nous l'aimons tous, comme elle mérite d'être aimée.

GARASSIM. Bien, femme, bien, bonne idée. Justement voici Savelitch. (*Il entre par la porte latérale.*)

AKOULINA. Hâtons-nous alors, hâtons-nous. (*Pendant qu'elle va prendre une pelisse de fourrure dont elle enveloppe Marie, Garasim et Michaël parlent bas à Savelitch.*) Enveloppe toi, prend garde d'avoir froid, je veux qu'on te trouve jolie.

SAVELITCH. Ça m'est égal... j'accepte! va pour Moscou. (*On entend un grand tumulte et les cris aux armes, puis des coups de feu.*)

MICHAEL. Qu'est-ce que cela?

SCENE VIII.

LES MÊMES, POUGATSCHEFF, *entrant précipitamment.*

POUGATSCHEFF. Ce sont les troupes de Catherine qui attaquent la citadelle... Partez, partez vite! Les miens accourent! je ne réponds plus d'eux! partez donc... (*Il les pousse dehors. Le théâtre se remplit de Tartares et de Cosaques.*)

SOKOLOFF. Trahison! trahison! On a livré une des portes, les soldats de Catherine sont dans la citadelle!

POUGATSCHEFF. Eh bien! qu'ils n'en sortent plus. Suivez-moi.

TOUS. En avant!...

Neuvième Tableau.

Une des places de la citadelle. D'un côté un pont qui se perd dans la coulisse, de l'autre des maisons; au fond, une haute montagne. Au changement de hussards fuient à cheval et en désordre, poursuivis par des cosaques et les tartares de Pougatscheff qui restent maîtres de la place, et poussent des cris de victoire. Pougatscheff arrive à cheval.

SCENE PREMIERE.

POUGATSCHEFF, BELODOROFF, SOKOLOFF, TARTARES, HOMMES ET FEMMES DE BELOGORSK. *(A l'arrivée de Pougatscheff les acclamations éclatent de toute part, vive le Tzar ! vive le Tzar !)*

POUGATSCHEFF, *après avoir mis pied à terre.* A-t-on arrêté le misérable qui nous a trahis ?

BELODOROFF. Le voici. *(On amène un cosaque.)*

POUGATSCHEFF. C'est toi qui as livré la porte ?

LE COSAQUE. J'en avais l'ordre, tzar.

POUGATSCHEFF. De qui ?

LE COSAQUE. Du capitaine Yvan.

POUGATSCHEFF. Yvan ! lui que je venais d'épargner, qu'est-il devenu ?

BELODOROFF. Il a disparu pendant qu'on se battait.

POUGATSCHEFF. Malheur à lui s'il retombe entre mes mains. *(Au cosaque.)* Mais qu'il t'en ait donné l'ordre ou non, c'était une trahison que tu accomplis-ais... Tu le savais... tu vas recevoir le prix de ton infâme action... Qu'on dresse une potence et qu'il y soit attaché à l'instant.

LE COSAQUE. Pitié !

POUGATSCHEFF. Non, pas de pitié pour qui me trahit !

SOKOLOFF. Pardon, tzar...

POUGATSCHEFF. Eh quoi ! Sokoloff... voudrais-tu parler en sa faveur ?

SOKOLOFF. Le ciel m'en préserve ! je veux au contraire te faire observer que tu le traites comme un ennemi ordinaire ; il ne suffit pas de le punir, il faut encore que son châtiment serve d'exemple... Eh bien donc, que ce misérable, ainsi que l'a été Mazeppa, soit attaché sur un cheval et qu'il aille apprendre au loin que les traîtres n'ont à attendre de ton inflexible justice ni miséricorde ni pitié !

TOUS. Oui, oui.

POUGATSCHEFF. Recommande ton âme à Dieu, lui seul peut te sauver maintenant. *(On amène un cheval, on attache le cosaque, on fouette l'animal qui part au galop et gravit la colline.)*

TOUS. Mort aux traîtres ! mort aux traîtres ! hurra ! hurra !

ACTE III.

Sixième Tableau.

La boutique d'un barbier parfumeur, le fond est vitré : accessoirs de la profession.

SCÈNE PREMIÈRE.

BALBASTRE, UN GARÇON, *puis* UN CRIEUR PUBLIC.

LE GARÇON. Vous dites donc, patron, que vous me donnez congé aujourd'hui... et pour toute la journée...

BALBASTRE. Oui, je t'autorise même à ne pas venir demain, si bon te semble.

LE GARÇON. Mais patron, les pratiques ?...

BALBASTRE. Eh bien, quoi, les pratiques ?... Crois-tu, par hasard, que je ne saurai pas les expédier aussi bien que tu le ferais ?...

LE GARÇON. Je ne dis pas, patron... je ne dis pas... seulement...

BALBASTRE. Mon garçon, tes réflexions m'ennuient, et pour peu que tu continues... je me verrai contraint de te donner un congé définitif.

LE GARÇON. Je suis muet, patron... mais, qu'est-ce que je vas faire ?... je ne m'amuse que quand je rase.

BALBASTRE. Si tu ne sais comment employer son temps : tiens, écoute ce qu'on crie en ce moment dans la rue. *(Un crieur s'arrête devant la porte.)*

LE CRIEUR. Voilà l'ukase de sa majesté l'impératrice Catherine II, qui condamne à la peine de mort le cosaque Pougatscheff : cent mille roubles à qui livrera ce rebelle mort ou vif. *(On se presse autour du crieur qui s'éloigne, sa voix se perd dans le lointain.)*

BALBASTRE. J'espère qu'il serait impossible de te donner une plus belle occasion de t'occuper et de signaler ton courage. Pougatscheff est précisément, dit-on, dans nos parages... Eh bien, mets-toi en campagne... tâche de gagner la récompense promise, et comme c'est moi qui t'en aurai fourni l'occasion, nous partagerons amicalement et loyalement les cent mille roubles en question.

LE GARÇON. Je vous remercie, patron, vous me donnez là une fameuse idée. Je vas réfléchir à la chose :

BALBASTRE. C'est ça, réfléchis : mais, ce qui vaudrait mieux encore... vois-tu... agis et réussis. *(Le garçon s'éloigne, Balbastre ferme la boutique et va ouvrir une des portes latérales, puis il dit.)* C'est fait, le voilà parti.

SCÈNE II.

BALBASTRE, TARTANAC.

TARTANAC. Très-bien.

BALBASTRE. Très-bien... je veux bien... Cependant je ne serais pas fâché de savoir un peu à quoi m'en tenir... car depuis hier je tourne comme un véritable toton, sans que tu aies daigné par le plus petit mot m'en faire soupçonner le pourquoi ?

TARTANAC. Que dis-tu, mon cher Balbastre?

BALBASTRE. Nous sommes des compatriotes, c'est vrai, d'anciens et bons amis, c'est encore vrai; cependant ce n'est pas une raison pour que tu en prennes tout à fait si à ton aise. Tu tombes hier au soir dans ma boutique comme une bombe... tu me sautes au cou... tu me présentes deux dames qui t'accompagnaient... tu me pries de leur accorder l'hospitalité... ma femme et ma fille étaient absentes pour affaires de mon commerce. je m'empresse d'installer ces dames dans leurs chambres... tu m'as fait ensuite aller... venir... m'en aller... revenir encore... je me suis prêté à tout de la meilleure grâce du monde... jusqu'à congédier encore à l'instant mon garçon dont j'ai cependant le plus grand besoin... mais enfin... le mot... le mot de tout cela... Voyons, explique-toi spontanément, nettement... catégoriquement.

TARTANAC. Mon Dieu! rien de plus simple... rien de plus naturel...

BALBASTRE. Tant mieux... Voyons.

TARTANAC. La plus petite des deux dames se nomme Akoulina, elle est la femme du pope de Belogorsk.

BALBASTRE. Tu l'enlèves à son mari?

TARTANAC. Non... pas pour le moment.

BALBASTRE. Ah!... pardon... Poursuis.

TARTAGNAC. L'autre est une jeune orpheline que nous conduisons à Moscou, chez le major Grineff, père de mon élève le lieutenant Michaël Grineff qui aime cette jeune fille comme un fou... et qui la rejoindra le plus tôt possible, pour l'épouser.

BALBASTRE. Bon... après?

TARTANAC. Malheureusement, il y a un coquin fieffé qui se jette à la traverse de tout cela...

BALBASTRE. Un rival, peut-être?...

TARTANAC. Juste!... un gueusard qui, après avoir trahi l'impératrice Catherine pour Pougatscheff, vient de tourner casaque à Pougatscheff pour revenir à Catherine.

BALBASTRE. Ça se voit souvent, ça... enfin?...

TARTANAC. Enfin... ce rival est à notre poursuite, et c'est à l'éviter que j'applique tous mes soins. Jusqu'à présent, ça n'allait pas trop mal, car nous voyagions dans des pays qui appartiennent à Pougatscheff; mais nous voici à Novogorod, et notre ennemi aurait trop de moyens de nous enferrer...

BALBASTRI. Voilà que je commence à comprendre au moins...

TARTANAC. En arrivant hier au soir dans cette ville, j'aperçois ton enseigne : Balbastre, perruquier, coiffeur, parfumeur; je me dis : j'ai connu un Balbastri, autrefois, dans la Gironde : serait-ce lui?... J'entre... je te reconnais... et comme entre compatriotes on se doit aide et protection .. je n'ai pas hésité à avoir recours à toi!... Tu ne t'arrêteras pas à moitié chemin... ce qui serait un malheur pour nous et une honte pour toi...

BARBASTRE. Mon ami, j'ai, vois-tu, des habitudes paisibles, et si ce que tu as à me demander...

TARTANAC J'ai à te demander de nous faciliter les moyens de nous remettre en route au plus vite...

BALBASTRE. Comment cela?

TALTANAC. Pour dépister celui qui nous poursuit, j'aurais besoin d'abord de faire changer de costume à ces dames.

BALBASTRE. Ce n'est pas trop difficile, cela... il y a là-haut des robes à ma fille et à ma femme.

TARTANAC. Bravo!... mais ce n'est pas tout...

BALBASTRE Quoi encore?...

TARTANAC. Tu dois être au mieux avec les autorités?

BALBASTRE. Je suis le fournisseur du gouverneur, qui, par parenthèse, est le parrain de ma fille.

TARTANAC. De mieux en mieux!... sait-il que ta femme et ta fille sont absentes?

BALBASTRE. Non, elles sont parties hier au matin et seront de retour ce soir... Ce n'était pas la peine de l'informer d'un voyage de si courte durée.

TARTANAC. Bravo, encore!... Eh bien, mon cher Balbastre, tu vas aller tout de suite trouver le gouverneur, et tu lui demanderas de te signer un laissez-passer pour que ta femme et ta fille puissent se rendre à Moscou...

BALBASTRE. Comment... comment... à Moscou... mais elles n'y ont pas affaire à Moscou...

TARTANAC. Aussi ce n'est pas pour elles non plus... mais pour nous.

BALBASTRI. Et s'il les aperçoit dans ma boutique?

TARTANAC. Tu diras que leur voyage est différé de quelques jours... ou qu'elles ont changé d'avis.

BALBASTRE. Et les conséquences de cette supercherie, si elle venait à être découverte?...

TARTANAC. En mettant même les choses au pis, quelles conséquences veux-tu qu'il résulte pour toi... crois-tu qu'on va te charger de chaînes!... Voyons, voyons, Balbastre, passe ton habit... prends ton chapeau... mets-toi en route... et reviens surtout au plus vite...

BALBASTRE. Tu fais de moi ce que tu veux... (*Il passe son habit.*) Ah çà, et la boutique?...

TARTANAC. Est-ce que je ne suis pas là?...

BALBASTRE. Il aurait mieux valu, vois-tu, ne pas faire éloigner mon garçon...

TARTANAC. Allons donc... moins on a de confidents, mieux les choses réussissent... va, et ne sois pas long à revenir.

BALBASTRE. C'est à deux pas... mais si l'on venait pour se faire raser?...

TARTANAC. Eh bien, je raserai... va donc!... va donc!...

SCÈNE III.

TARTANAC, *seul.*

Je raserai!... je raserai!... c'est facile à dire.,. oh! ma foi, tant pis pour celui qui m'apportera sa tête.

LE CRIEUR. « Voici l'ukase publié par sa » majesté l'impératrice Catherine II, et les » détails sur l'arrestation du lieutenant Michaël Grineff et autres complices de Pougatscheff. »

TARTANAC. Ai-je bien entendu?... l'arrestation de Michaël Grineff?... Ce n'est pas possible!... Voyons!... voyons!... Eh, crieur!... donnez, donnez... (*Il prend la feuille et la parcourt.*) « Le lieutenant Michaël Grineff, accusé d'avoir pactisé avec le » rébelle Pougatscheff, vient d'être arrêté et » conduit à Pétersbourg pour être livré aux » juges militaires qui doivent instruire son » procès. » Qu'est-ce que ça veut dire?... accuser mon élève!... Ils veulent donc que je mette le feu aux quatre coins de la Russie?... mais les choses s'expliqueront. N'inquiétons pas ces dames et mettons-nous en route au plus tôt. (*Il frappe à une porte latérale.*)

SCÈNE IV.

TARTANAC, MARIE, AKOULINA.

TARTANAC. Ouvrez... ouvrez... c'est moi!..

MARIE. Eh bien?...

TARTANAC. J'ai réussi. Balbastre consent à tout. Il est allé chercher, comme devant servir à sa femme et à sa fille, un permis qui nous donnera toute sécurité... Quant aux vêtements, vous en trouverez dans la chambre où vous êtes... Dès que vous serez prêtes, revenez.

AKOULINA. C'est entendu...

TARTANAC. Dépêchez-vous surtout... allez... allez... (*Akoulina et Marie rentrent et ferment la porte.*)

SCENE V.

TARTANAC, TROIS ACHETEURS, *puis* UN BOSSU.

UN ACHETEUR. Je viens pour faire friser mon toupet.

TARTANAC. Les fers ne sont pas chauds... Revenez plus tard.

UN GRENADIER. Je voudrais avoir de la cire à moustaches pour le capitaine Kosukochetouchetakac.

TARTANAC. Il n'y en aura que ce soir.

UN BOSSU. Bonjour, bonjour, père Balbastre. Je suis parrain aujourd'hui, je viens pour ma barbe... je veux que vous me fassiez joli, très-joli... je tiens à plaire à ma commère... Rasez-moi vite.

TARTANAC. Je n'ai pas le temps...

LE BOSSU. Comment vous n'avez pas le temps!... Tiens, ce n'est pas lui... il a donc changé de garçon?... Celui-là n'est pas poli. Dites donc, dites donc, l'ami, savez-vous que je suis une pratique, et une bonne pratique encore... Je pourrais vous faire flanquer à la porte, savez-vous?

TARTANAC. Vous tenez à être rasé?... Eh bien, mettez-vous là... (*Il prend un rasoir et le repasse frénétiquement.*)

LE BOSSU. Qu'est-ce que c'est que cet animal-là?... C'est un enragé!... Sauvons-nous. (*Il se sauve.*)

TARTANAC. Eh bien!... où est-il passé?... Il a pris la porte... Ma foi, tant mieux... pour lui surtout...

SCÈNE VI.

TARTANAC, BALBASTRE.

TARTANAC, *allant à lui.* Eh bien! Balbastre?

BALBASTRE. Eh bien, mon ami, j'ai menti avec un aplomb dont je ne me serais par cru capable. Ma conscience agitée murmurait bien un peu; mais je suis resté sourd, inflexible à ses murmures... Voilà ce que tu m'as demandé...

TARTANAC. Merci, cher Balbastre, merci.

BALBASTRE. Fasse le ciel que je n'aie pas à me repentir de mon dévouement à l'amitié.

TARTANAC. Comment, encore?... Après ce que je t'ai dit.

BALBASTRE. Sans doute... oui... mais que veux-tu?... Une crainte vague m'agite... Il n'est venu personne pendant mon absence?

TARTANAC. Personne... Il n'y a jamais personne dans ta boutique...

BALBSTRE. J'en suis ravi... Qu'aurait-on pensé, grand Dieu!... d'une maison ainsi abandonnée... Moi qu'on cite partout comme un exemple de ponctualité et de politesse!... As-tu prévenu ces dames?...

TARTANAC. C'est fait.

BALBASTRE. En revenant, j'ai aperçu votre cocher dans la cour et je lui ai dit, sachant combien vous êtes pressés d'atteler à l'instant la kibitka...

TARTANAC. Bonne précaution... Je vais faire mes préparatifs... (*Il sort.*)

SCENE VII.

BALBASTRE, *puis* YVAN.

BALBASTRE. Je voudrais pour beaucoup qu'ils fussent déjà loin,.. très-loin d'ici...

YVAN. Si mes renseignements sont exacts, ils doivent être ici... Prétextons d'avoir besoin des soins de cet homme, je saurai le faire parler... (*A Balbastre.*) Eh! l'ami!

BALBASTRE. Qu'y a-t-il pour votre service, mon officier?...

YVAN, *ôtant son habit et sa cravate.* J'ai besoin d'être rasé...

BALBASTRE. Je suis aux ordres de votre seigneurie...

YVAN. Tu es habile?...

BALBASTRE. L'hirondelle qui fend l'air n'a pas la légèreté de ma main...

YVAN, *s'asseyant.* Nous allons voir...

SCENE VIII.

LES MÊMES, AKOULINA, MARIE, *puis* TARTANAC.

AKOULINA. Nous sommes prêtes, Tartanac...

YVAN. Marie!...

MARIE. Nous sommes perdues!...

AKOULINA. Yvan!...

TARTANAC, *entrant, apercevant Yvan, il arrache le rasoir des mains de Balbastre; puis saisissant Yvan par les cheveux, il lui met le rasoir sur le cou.* Si tu bouges, si tu dis un seul mot, je t'estafile!... (*A Marie et à Akoulina.*) La kibitka est prête... allez... je vous rejoins... Ne bouge pas, te dis-je... ou je te coupe le sifflet!...

BALBASTRE, *tombant sur une chaise.* Ah!.. juste ciel!... ah! juste ciel!...

TARTANAC *a rapproché Yvan de la porte par laquelle sont entrées Marie et Akoulina. Il le pousse dans la chambre et l'enferme.* Aux arrêts, lieutenant... Au revoir, Balbastre, à charge de revanche, si jamais tu as besoin de moi. (*Il sort en courant.*)

BALBASTRE, *délirant.* Il a emporté la clef... impossible de le délivrer... Je suis compromis... ruiné.. perdu.. N'attendons pas la justice... sauvons-nous!... (*Il sort.*)

Onzième Tableau.

Le théâtre représente des rochers arides et escarpés. Au fond, un petit pont est jeté sur un torrent. Au pied des rochers, des cavaliers au repos. Zourine joue aux cartes avec un officier. D'autres regardent.

SCÈNE PREMIÈRE.

ZOURINE, DANILOFF, OFFICIERS, SOLDATS.

ZOURINE. Décidément, je n'ai pas de chance aujourd'hui... encore perdu. Daniloff, verse-nous à boire. (*Le soldat remplit les verres. Zourine tire sa bourse et remettant des pièces d'or à l'officier avec lequel il jouait.*) Lizeski, voilà les deux cents roubles que je te dois. A la première occasion, je tâcherai de les faire revenir à moi et avec usure, s'il est possible... Tu as eu aujourd'hui une chance sans pareille. En attendant, à toi et à vous, camarades. (*Il prend un verre et trinque.*) Ah çà, savez-vous que nos affaires ne marchent pas avec ce Pougatscheff du diable. On nous a donné l'ordre de nous porter en avant, d'observer ses mouvements, et ça n'a pas l'air de l'inquiéter très-fort... il va toujours, lui!... Et pour peu qu'il aille ainsi, je ne sais pas trop vraiment ce qui en résultera.

UN OFFICIER. C'est un hardi et misérable coquin!...

ZOURINE. Entre nous, capitaine, je crois que vous en faites trop peu de cas... Il y a de l'habileté... du véritable courage chez cet homme... Il poursuit son œuvre avec une résolution qui donne à sa révolte une grande importance. S'il arrive à Moscou, voyez-vous, je ne réponds de rien... Pour ma part, j'ai hâte de me frotter un peu avec lui.

SCENE II.

LES MÊMES, YVAN.

YVAN. Eh bien, commandant, l'occasion va vous en être donnée.

ZOURINE. Tant mieux, sacrebleu!... tant mieux!... Mais, pardon, monsieur, qui êtes vous?... je n'ai pas l'honneur de vous connaître.

YVAN. Je suis envoyé vers vous par le général Michelson. Voici une dépêche qu'il vous adresse.

ZOURINE, *lisant.* « Veuillez, mon cher » commandant, vous conformer entièrement » aux instructions qui vous seront transmises » par l'officier que je vous envoie... » (*A Yvan.*) Très-bien, monsieur... Voyons... quels sont les ordres du général?

YVAN. Commandant, le général est décidé, avant de porter aux révoltés un coup décisif, à tâcher de s'emparer de Pougatscheff. Il tient à l'avoir vivant en son pouvoir.

ZOURINE. Je conçois. Mais j'ai idée que Pougatscheff de son côté doit tenir lui aussi à ne pas se laisser prendre. Je crois qu'il n'y a pas à compter sur la complaisance qu'il pourrait mettre à satisfaire le général. Or donc, je ne vois pas trop comment on pourrait en venir à bout, si ce n'est en l'enveloppant dans un engagement, et encore faudrait-il que les balles et les coups de sabre ne l'atteignissent pas... et vous savez qu'il ne s'inquiète guère de les éviter.

YVAN. Sans doute, commandant... Aussi les mesures sont-elles prises en conséquence...

ZOURINE. C'est différent... Veuillez alors m'expliquer...

YVAN. Vous allez être tout à l'heure attaqué par Pougatscheff en personne.

ZOURINE. Ça me va...

YVAN. Vous opposerez d'abord une vive résistance.

ZOURINE. J'y compte bien...

YVAN. Puis, peu à peu vous lâcherez pied.

ZOURINE. Hein?... Qu'est-ce que vous dites?

YVAN. Puis, peu à peu vous lâcherez pied. Vous ferez sonner la retraite... Vous céderez le terrain à Pougatscheff, en vous repliant dans la steppe qui est derrière ces rochers; vous reculerez jusqu'à la hauteur des bois que vous apercevez à votre droite...

ZOURINE. Mais, sacrebleu!...

YVAN. Permettez... Arrivé là, vous ferez volte face, et à l'instant je débusquerai à la tête de plusieurs compagnies de tirailleurs, qui déjà y sont massées... Le reste ne sera pas difficile...

ZOURINE. Vous croyez?

YVAN. J'en suis sûr...

ZOURINE. Il ne m'appartient pas, monsieur, de contrôler le plan du général; mais, j'aurais préféré, je l'avoue, un de ces engagements face à face, sans piége ni surprise, où la bravoure décide du résultat de l'action. Enfin... puisque mon devoir est d'obéir en cette circonstance, j'obéirai... Ne croyez pas toutefois que le succès sera aussi facile que vous voulez bien le dire.

YVAN. Le succès est assuré d'avance...

ZOURINE. Comment?...

YVAN. Grâce à mes soins, et séduits par la récompense promise, les principaux chefs de l'usurpateur sont d'accord avec nous. La désertion est organisée dans les rangs des rebelles, qui lâcheront pied à propos. Abandonné par les siens, ou du moins réduits à un petit nombre de défenseurs, Pougatscheff ne pourra manquer, vous le voyez, de tomber en notre pouvoir.

ZOURINE. Sans doute, capitaine, oui, sans doute. (*A part.*) Je ne sais pourquoi, mais cet officier ne me revient pas... je gagerais que c'est un méchant homme.

LA SENTINELLE. Commandant!... commandant!...

ZOURINE. Qu'y a-t-il?...

LA SENTINELLE. L'ennemi s'avance...

ZOURINE. A vos rangs, soldats.

YVAN. Commandant, je cours à mon poste. N'oubliez pas, vous, les ordres du général.

ZOURINE. Soyez tranquille, monsieur, je connais mon devoir. (*Yvan s'éloigne. Les hommes de Pougatscheff commencent l'attaque. Engagement soutenu d'abord, puis Zourine fait sonner la retraite. A mesure que les troupes de Catherine s'éloignent, les hommes de Pougatscheff avancent et s'emparent de tous les points. Zourine et ses hommes disparaissent tout à fait. Pougatscheff, debout au milieu du pont, dirige l'action.*)

SCÈNE III

POUGATSCHEFF, SOKOLOFF, TARTARES.

POUGATSCHEFF. Cessez le feu, l'ennemi bat en retraite, Belodoroff lui donne la chasse. Eh bien, camarades, nos affaires marchent. Pendant que Catherine promet cent mille roubles à qui me livrera mort ou vif... je gagne du terrain, moi!... je lui enlève des bourgades, des villes... Belogosk, Talitcheff, Nijnerosen, Kasan, tous les bords du Volga sont à nous... Courage, courage donc... nous arriverons à Moscou!... (*A Sokoloff.*) Qu'en dis-tu, Sokoloff?...

SOKOLOFF. Je dit oui... pourvu que quelques traîtres ne t'arrêtent pas en si bon chemin.

POUGATSCHEFF. Encore!...

SOKOLOFF. Tu as trop de confiance... tu te livres trop à des gens que tu ne connais pas suffisamment. A ta place, moi, vois-tu?...

POUGATSCHEFF. Allons, voyons... ne sois pas toujours à grogner comme un chien hargneux.

SOKOLOFF. Chien hargneux... chien hargneux... possible... mais mieux vaut mordre qu'être mordu. Tu laisses trop refroidir les fourneaux, cela te portera malheur... (*Forte détonation. Des Tartares rentrent en désordre.*)

SCÈNE IV.

LES MÊMES, BOLODOROFF, QUELQUES COSAQUES.

POUGATSCHEFF. Qu'est-ce que c'est... vous lâchez pied?...

BELODOROFF, *entrant*. Il l'a bien fallu, mille noms d'un diable... la trahison était parmi nous. Nous chargions avec ardeur... lorsque tout à coup, de derrière des massifs de bruyères, débusque et s'élance sur nous un bataillon de tirailleurs. A leur aspect, Dimitri, ce brigand que tu as fait mon lieutenant, se met à crier : Vive Catherine! et à l'instant la plupart des nôtres de répéter ce cri et de passer à l'ennemi... Indignés, nous nous réunissons, nous qui te restions fidèles : mais une grêle de balles pleuvait sur nous... nous allions être inutilement écharpés, j'ai alors ordonné la retraite... Je suis venu t'avertir... et mourir à tes côtés, s'il le faut...

POUGATSCHEFF. Nous allons avoir notre revanche, compagnons.

BELODOROFF. Et sais-tu qui était à la tête de ces tirailleurs? Yvan!...

POUGATSCHEFF. Lui!...

BOLODOROFF. Tu vois... encore un que tu as épargné.

POUGATSCHEFF. Ah!... fasse Dieu que je puisse le tenir en mon pouvoir. (*Bruit de trompettes.*)

BOLODOROFF. Ils reviennent à la charge...

POUGATSCHEFF. Hourah ! !.. ! hourrah !...

TOUS. Hourah !... hourrah ! !... (*Mêlée générale dans laquelle Tartares, Cosaques, hussards, fantassins, sont confondus : Pougatscheff est fait prisonnier.*)

Douzième Tableau.

A Pétersbourg. La cour des condamnés. Au lever du rideau, un sergent, un caporal et plusieurs soldats entrent. La commission militaire, puis Pougatscheff.

SCÈNE PREMIÈRE.

LES MÊMES, POUGATSCHEFF, LE PRÉSIDENT.

LE PRÉSIDENT. Pougatscheff, tu as été pris à l'heure où tu croyais entrer en vainqueur à Moscou. Te voilà condamné. Nous allions nous éloigner, un reste de pitié nous a retenus, et nous avons consenti à te demander si tu n'avais rien à dire pour solliciter la clémence de notre souveraine ?

POUGATSCHEFF. Rien... (*Il s'assied sur un banc.*)

LE PRÉSIDENT. Si tu n'étais déjà atteint par la loi, je te dirais : Debout devant nous...

POUGATSCHEFF. Tu ne sais pas à quel point la fatigue m'accable !... songe d'ailleurs que je suis le tzar...

LE PRÉSIDENT. Laisse là ton imposture inutile et nomme tes complices !...

POUGATCHEFF. Mes complices... tout le monde, et vous le premier si j'avais réussi !

LE PRÉSIDENT. Obstine-toi dans ta résolution, tout est dit !

POUGATSCHEFF. Soit... (*Les membres de la commission sortent.*)

SCÈNE II.

POUGATSCHEFF, *seul.*

Oui, tout est dit, il a raison, mon rêve va finir !... et j'avais là, devant moi, Moscou dont j'aurais fait ma capitale : j'avais mon armée !... j'avais la victoire !... j'ai hésité pendant une heure, je crois, et tout a été perdu pour moi. Quand on attaque, hésiter c'est reculer !... Singulière distraction de ma pensée. Ce qui me préoccupait le plus pendant le jugement, c'était d'avoir sous mes yeux cet Yvan qui a trahi tout le monde... Il y a de ces hommes qui passent à travers les événements comme le serpent à travers les hautes herbes : et ils arrivent à leur but ! Le mien était grand... La couronne de Russie ! (*Il s'endort peu à peu.*) Si je l'avais, je crois que je la donnerais pour tenir cet Yvan dans mes mains, ne fût ce qu'un instant. Oui. Il fallait peut-être se porter sur Pétersbourg... où se maintenir dans la Russie méridionale... Il fallait... Belodoroff conseillait de marcher, de marcher toujours... En avant !... en avant !... (*Il s'endort ; une porte s'ouvre, on fait entrer Michaël.*)

LE CAPORAL, *à Michaël.* C'est ici que vous devez attendre.

MICHAIL. Il suffit !...

SCÈNE III.

POUGATSCHEFF, MICHAEL.

MICHAEL. Pougatscheff !... Il dort !... à lui la mort, et il s'abandonne au sommeil ! Eh bien, n'est-il pas plus heureux que moi. La Sibérie... n'est-ce pas pire que la mort ?... que laisse-t-il derrière lui !... une illusion qui tôt ou tard se serait éteinte dans la défaite. Moi, je vais être enseveli vivant dans ces mines où ne me parviendront pas une parole, une lettre, un mot de ceux que j'aime. O mon père, qui me croyez peut-être coupable et qui me maudisez dans l'austérité de votre vertu... ma sœur qui succombera à son désespoir... Marie qui resterez seule et que je ne reverrai plus !...

POUGATSCHEFF, *rêvant.* Misérable !... toi devant mes yeux... Justice est faite, dit-on ? Eh bien pour toi aussi justice !... (*Il se réveille.*)

MICHAEL. Pougatscheff.

POUGATSCHEFF. Michaël !... Condamné aussi !...

MICHAEL. Oui... mais, ils m'ont refusé la mort. Je suis condamné aux mines de Sibérie, et pour toujours.

POUGATSCHEFF. Tu échapperas ou on te fera grâce...

MICHAEL. Ni l'un ni l'autre... j'entre au tombeau comme toi.

POUGATSCHEFF. Ils n'ont donc pas voulu entendre ta justification ?

MICHAEL. Non.

POUGATSCHEFF. Je leur ai dit, moi, je leur ai crié : N'accusez pas Michaël d'être mon complice... le hasard nous avait fait nous rencontrer, nous nous étions compris, mais notre route n'était pas la même. Ils ne m'ont pas écouté... Et puis Yvan était là comme un démon malfaisant et il t'accablait avec la rage concentrée de la jalousie.

MICHAEL. Yvan !

POUGATSCHEFF. Tiens, tout à l'heure je faisais un songe... Dans les crises suprêmes, la pensée va vite et la mémoire est abondante... ma vie se déroulait rapidement devant moi... Je regrettais d'être vaincu, mais je me consolais de n'avoir pas posé ma main sur la couronne... j'oubliais tout, pour ne songer qu'à Yvan... Tout à coup cette porte s'ouvre : l'heure du supplice était venue... Et c'était lui... lui... Yvan... qui, le sourire du triomphe sur les lèvres, venait me lire ma sentance. J'écoute je me contiens... Puis tout à coup prompt comme l'éclair, arrachant à un des gardes qui l'entouraient, son épée, je frappe Yvan qui tombe à mes pieds : et m'adressant au bourreau : A mon tour lui dis-je : ma tâche ici bas est accomplie, je n'ai plus rien à regretter.

MICHAEL. Tu es heureux... Rien à regretter !

POUGATSCHEFF. Je me trompais, Michaël, mais, ce n'était qu'un rêve... je te laisse plus à pleindre que moi, et c'est de Pougatscheff que la falalité s'est servie pour te perdre !... Enfant, pardonne... ton avenir était beau, et c'est par moi qu'il est brisé : encore une fois pardonne.

MICHAEL. Et que pourrais-je te reprocher ; n'as-tu pas dit ce mot : la fatalité ! Eh bien, Pougatscheff, je sais qu'un mot changerait la peine qui t'a frappé et te ferait vivre !... je ne veux pas que tu meures !... Va déclarer que tu n'es pas le tzar Pierre III et tu vivras...

POUGATSCHEF. Oui, je vivrai, mais au fond d'un éternel cachot, mais, torturé par le mépris de tous !... Non, Michaël, lorsqu'un homme comme moi se jette dans une entreprise comme la mienne, il va jusqu'au bout, et il n'avoue pas qu'il a menti à la face de ceux que sa parole a entraînés. Mais te sauverais-je, toi, en me déshonorant ?... S'il en était ainsi, vois-tu, pour te rendre à ta famille et à celle que tu aimes, moi, Pougatscheff, l'homme de fer, l'ambitieux qui marchait à travers tous les obstacles, le sanguinaire imposteur, comme on m'appelle, eh bien ! je suis prêt, commande, et pour toi je cours la tête haute faire amende honorable et me livrer à une honte éternelle.

MICHAIL. Non... tu ne me sauverais pas, et quand même tu pourrais me sauver, je n'accepterais pas ton sacrifice !... Pougatscheff, laisse là tes rêves de vengeance et souviens-toi que ma main a été dans la tienne, toute émue d'une profonde sympathie...

SCENE V.

LES MÊMES, LE PRÉSIDENT, YVAN, OFFICIERS, SOLDATS, DES HOMMES PORTANT DES TORCHES ALLUMÉES.

LE PRÉSIDENT. Michaël Grineff.

MICHAEL. Ehbien, monsieur ?

LE PRÉSIDENT. Veuillez suivre cet officier...

MICHAEL. Je suis prêt... (*Bas à Pougatscheff.*) Ta main encore une fois ?...

POUGATSCHEFF. Non. C'est alors qu'on dirait que tu étais mon complice... mais n'oublie pas que l'étreinte que j'ai sentie tout à l'heure a remonté jusqu'à mon cœur... Adieu !... nos juges ont bien jugé pour moi... pour toi, ils se sont trompés, et ils rendront compte devant Dieu.

LE PRÉSIDENT. Emmenez le lieutenant Michaïl. (*Michaïl sort. A Pougatscheff.*) Entends-tu les sons de cette cloche ?...

POUGATSCHEFF. Oui... ils m'avertissent que ma dernière heure est venue... Eh bien ! marchons...

LE PRÉSIDENT. Un moment !... (*A Yvan.*) Que lecture soit faite de sa sentence...

POUGATSCHEFF. A quoi bon ?... je la connais.

LE PRÉSIDENT. La loi le veut ainsi.

POUGATSCHEFF. J'écoute.

YVAN, *s'approchant et lisant*. Le Cosaque Pougatscheff, atteint et convaincu d'avoir traîtreusement usurpé le nom du défunt tzar Pierre III ; d'avoir soulevé les provinces qui bordent le Volga ; fait acte de rébellion ; accompli un grand nombre d'exactions et de vengeances sanguinaires ; est condamné à être décapité ; ses restes seront ensuite livrés aux flammes, et sa cendre dispersée au vent, indigne qu'il est de reposer en terre sainte ; Ainsi le veut le tribunal suprême de justice.

POUGATSCHEFF, *à lui-même*. Et comme dans mon rêve, c'est lui, lui qui m'a livré, qui s'est chargé du soin... (*Bas à Yvan.*) Vil apostat, tu triomphes ?...

YVAN. Oui, pour Michaël, la Sibérie... pour toi, la mort...

POUGATSCHEFF. Te voilà heureux.

YVAN. Vengé du moins.

POUGATSCHEFF. Et Marie t'appartiendra ?

YVAN. Peut-être !...

POUGATSCHEFF. Je ne crois pas. (*Haut.*) La sentence est juste... oui... j'ai mérité mon sort, je confesse mes crimes, je les abjure. Mais il est un autre coupable, un traître pour lequel justice doit être faite, et, à défaut de tribunal suprême, je m'en charge, moi ! (*Il enlève rapidement l'épée d'un de ses officiers, puis la plonge dans la poitrine d'Yvan.*) Marchons, maintenant... (*On emporte Yvan.*)

Treizième et Quatorzième Tableaux.

Le jardin à Zarskoie. Selo.

SCÈNE PREMIÈRE.

CATHERINE, LE COMTE PANIN.

L'IMPÉRATRICE, *prenant une lettre et la donnant à Panin*. Voici ma réponse à la lettre que m'a récemment écrite monsieur de Voltaire, à propos du traité de paix que j'ai signé dernièrement. Monsieur de Voltaire est un homme éminent, un de ces esprits qui honorent la France... mais j'en suis fâché pour lui... il n'entend rien à notre politique. Je vous annonce que je viens de faire un exemple... le trésorier de ma couronne est remplacé...

PANIN. Oserai-je demander à Votre Majesté.

L'IMPÉRATRICE. Le motif de cette disgrâce?... Il n'est que trop légitime!... Depuis bientôt deux ans que l'illustre philosophe Diderot a accepté les fonctions de mon bibliothécaire honoraire, on a négligé de lui faire parvenir les émoluments de sa charge. Cela est d'autant plus fâcheux que la position de ce savant est loin d'être heureuse. Savez-vous qu'il en est réduit à mettre en vente sa propre bibliothèque pour pouvoir donner une dot à sa fille!... Je veux que l'oubli dont on s'est rendu coupable envers lui soit dignement réparé. J'ordonne donc qu'on envoie en France, au philosophe Diderot, une avance de cinquante années sur le traitement qui lui a été alloué. J'ordonne aussi que la bibliothèque de ce savant soit achetée de mes deniers particuliers... et qu'on lui enjoigne en sa qualité de mon bibliothécaire de la garder jusqu'au moment où je jugerai à propos de la lui réclamer. Ses livres sont de vieux amis dont il ne doit se séparer qu'à la mort... Que Dieu daigne les lui garder longtemps encore.

PANIN. Cette réparation est digne en effet du grand cœur de Votre Majesté.

L'IMPÉRATRICE. Où en est le procès de Pougatscheff?

PANIN. Madame, justice est faite : le chef des rebelles a subi le dernier supplice, le lieutenant Michaël est condamné aux mines de Sibérie.

L'IMPÉRATRICE. Ce Pougatscheff m'a plus d'une fois agitée dans mon sommeil : nouveau Tamerlan, il nous a donné plus de fil à retordre que je ne l'aurais pensé. Notre fête d'aujourd'hui se passera sans préoccupations. Continuons notre promenade dans les jardins. (*Elle sort avec Panin.*)

SCENE II.

MICALEF, AIDES-JARDINIERS.

Alerte, mes amis, alerte!... Il va y avoir ici tout à l'heure, une grande fête à laquelle assistera notre très-gracieuse et très-aimée souveraine. L'impératrice Catherine II : faites en sorte, que si son regard daigne se tourner vers moi, je puisse y lire l'approbation et le contentement. (*Il sort.*)

SCÈNE III.

TARTANAC, MARIE.

TARTANAC. Allons, mademoiselle Marie... Allons, du courage... ce n'est pas au moment où nous touchons au but pour ainsi dire, qu'il faut se désespérer.

MARIE. C'est précisément parce que nous en sommes à ce que j'appelerai, moi, notre dernier espoir que la crainte s'empare de mon cœur. Si nous allions échouer?

TARTANAC. Nous voici à Tzarskoé-Sélo, résidence d'été de Sa Majesté, où elle se trouve en ce moment. L'impératrice est juste, bonne, clémente. Lorsqu'elle aura lu la supplique que vous lui adressez, elle se montrera, j'en suis sûre plus compatissante que ne peut l'être un conseil de guerre.

MARIE. Fasse le ciel qu'il en soit ainsi... mais cette supplique, pourrons-nous réussir à la remettre assez à temps à Sa Majesté?...

TARTANAC. Il le faudra bien... Grâce à la recommandation qui nous avait été donnée pour le jardinier en chef, Micaleff, par son propre père, nous voilà introduits dans les jardins du palais, et je n'en sortirai pas sans être sûr qu'elle est entre les mains de l'impérrtrice... Quand je devrais, voyez-vous, faire quelque coup de ma tête.

MARIE. Pauvre Micaël!... et c'est moi... moi qui suis cause... Mon Dieu!... mon Dieu!... faites que je puisse retourner vers son père en lui disant : André Grineff, relevez la tête, votre fils a été reconnu proclamé innocent. Il n'a ni pactisé avec les ennemis, ni manqué à son devoir de soldat... Pas de flétrissure, mais honneur!... honneur à lui!... C'est l'impératrice... c'est notre souveraine qui le proclame. Ouvrez-lui vos bras à ce fils bien aimé, car, à l'exemple de ses aïeux, il est l'honneur de votre race.

TARTANAC. Oh! oui!... il faut que vous puissiez dire cela, et vous le direz, car c'est la vérité. Eh mais, c'est Micaleff que j'aperçois là bas, je crois... oui, je cours le rejoindre... Ne vous éloignez pas, je reviens.

SCENE IV.

MARIE, *seule*; *puis* UNE DAME.

MARIE, *tirant un papier de son sein.* Avant de remettre cette supplique, voyons si je n'ai rien oublié... Non, ce sont bien les faits tels qu'ils se sont accomplis. Il me semble qu'il est aisé de voir tout de suite que je dis la vérité. (*Une dame simplement vêtue, mais dont la dignité est remarquable, entre lentement en scène. Elle tient d'une main des tablettes, et de l'autre un crayon. Elle arrive ainsi auprès de Marie qui ne la voit ni ne l'entend :* Quelle est heureuse, l'impératrice!... pouvoir à son gré arrêter le glaive qui va frapper!... Rendre à la vie, qui va mourir, et n'avoir pour cela que quelques paroles à dire. Je le veux... Oh! qu'elle grande et sainte prérogative!... Elle vous rapproche de Dieu!...

LA DAME. Quelle est cette jeune personne... Elle a l'air bien affligée... Mademoiselle...

MARIE. Ah!

LA DAME. Rassurez-vous, mademoisselle, et pardonnez à mon indiscrétion; mais en vous voyant si triste je n'ai pu résister au désir d'en connaître le motif. Qui êtes-vous, mademoiselle? Êtes-vous la fille ou la parente d'une des personnes de la suite de l'impératrice?

MARIE. Non, madame, je suis de la province de Simbirsk. Je ne suis ici que d'hier au soir seulement, je suis orpheline.

LA DAME. Orpheline, dites-vous?

MARIE. Oui, madame.

LA DAME. Pauvre enfant... qui était votre père?

MARIE. Un brave officier.

LA DAME. Y a-t il longtemps que vous avez eu le malheur de le perdre?

MARIE. Non, madame, deux mois à peine. Le même événement m'a privé à la fois de mon père et de ma mère.

LA DAME. Comment cela, mon Dieu!

MARIE. Ils ont été mis à mort par les rebelles de Pougatscheff, après la prise de la forteresse de Bélogorsk.

LA DAME. De Bélogorsk, dites-vous?

MARIE. Oui, madame. Je n'ai échappé moi-même que par miracle à cet affreux désastre.

LA DAME. Vous êtes alors la fille du commandant Mironoff?

MARIE. Oui, madame... Vous avez connu mon père?

LA DAME. Non, ma pauvre enfant, non .. mais le récit de sa mort, le courage et le dévouement dont il a fait preuve ont vivement touché l'impératrice et excité à la cour un intérêt général.

MARIE. Vous êtes de la cour de Sa Majesté, madame?

LA DAME. J'y vais quelquefois, mon enfant, et si je pouvais vous être utile...

MARIE. Oh! oui, madame, si vous voulez avoir cette bonté... vous pouvez m'être d'un grand secours.

LA DAME. Eh bien, voyons. Quel est le motif qui vous amène ici?

MARIE. J'y suis venu pour présenter une supplique à l'impératrice.

LA DAME. Pour réclamer son appui?

MARIE. Oui, madame.

LA DAME. Je crois pouvoir vous dire d'avance que Sa Majesté se montrera envers vous pleine de bienveillance et de générosité. Elle sera heureuse d'adoucir le malheur qui vous a frappé. Elle sera pour vous la famille que vous avez perdue. Elle rendra votre avenir heureux et brillant.

MARIE. Oh! ce n'est pas là ce que je viens lui demander, madame. Je ne désire, je ne veux rien pour moi.

LA DAME. Et pour qui donc?

MARIE. Pour un brave officier qui est innocent du crime dont on l'accusait, et qu'une condamnation capitale vient de frapper.

LA DAME. Comment se nomme cette officier?

MARIE. Michaël Grineff.

LA DAME. Oh! celui-là c'est un traître.

MARIE. Madame!...

LA DAME. C'est un traître, vous dis-je? il a manqué à son devoir.. à son honneur de soldat... il a pactisé avec les rebelles.

MARIE. Cela n'est pas, madame.

LA DAME. Eh quoi?...

MARIE. Non, madame, cela n'est pas... il m'aime, madame, et pour m'arracher des mains d'un rival, il s'est exposé à passer pour un traître. Il pouvait en donner la preuve devant le conseil de guerre; mais la pensée de me mêler à ces tristes débats a répugné à son cœur... Je me suis présenté devant ses juges afin de tout révéler, moi... mais ils ont refusé de m'entendre... alors, je me suis dit : Allons à l'impératrice. Si je parviens à lui faire connaître la vérité, Michaël sera sauvé... Et j'ai réuni tous les faits, toutes les preuves de son innocence. Tenez, voyez... lisez... (*Elle lui remet les papiers.*) S'il était coupable, croyez-vous, que moi, la fille d'un brave officier qui a préféré la mort à son honneur souillé... je pourrais me résoudre à demander la grâce d'un homme qui se serait associé à ceux qui m'ont privé de mon père et de ma mère... Oh! non! non! madame!... je serais la première à le repousser, à le maudire...

LA DAME. Calmez-vous, mademoiselle, calmez-vous... je vous crois... il y a dans ce qu'a fait le lieutenant Grineff de l'amour et non de la trahison... Que le courage et l'espoir rentrent dans votre cœur... votre fiancé vous sera rendu et plus tôt que vous ne le croyez, peut-être.

MARIE. Qu'il vive, madame, c'est ce que je demande avant tout!... et s'il fallait, pour le sauver, renoncer à jamais à lui... j'en mourrais sans doute... mais n'importe j'en aurais le courage.

LA DAME. Non, chère enfant, non, les choses se passeront plus heureusement. Voulez-vous me charger de votre supplique à l'impératrice?

MARIE. Quoi, madame, vous auriez la bonté!...

LA DAME. Oui... je me trouve, je vous l'ai dit, assez souvent avec elle, je vais même aller la rejoindre immédiatement. Et si votre cause avait besoin d'avocat, peut-être n'en pourriez-vous avoir de plus dévoué que moi. Acceptez-vous?

MARIE. Ah! madame, avec reconnaissance et bonheur.

LA DAME. Et dites-moi!... vous êtes venue seule de Simbirsk?

MARIE. Oh! non, madame. La femme du pope et un ami de ce pauvre Michaël m'ont accompagnée, Micaleff, le jardinier, à qui nous avions été recommandés a bien voulu nous donner l'hospitalité.

LA DAME. Eh bien, attendez chez lui que je vous fasse avertir, ce qui ne tardera pas... et j'espère que vous n'aurez pas lieu de vous repentir du hasard qui nous a fait nous rencontrer toutes les deux... A bientôt... (*Marie lui prend la main et la lui baise avec transport.*)

SCENE V.

MARIE, *seule, puis* MICALEFF *et* TARTANAC.

MARIE, *seule.* Oh! quelle est bonne cette dame, qui, sans me connaître, daigne ainsi me prêter son généreux appui... Tartanac!... Tartanac!...

TARTANAC. Comme vous avez l'air joyeux...

MARIE. Et vous aussi... vous partagerez ma joie, mon bonheur quand vous saurez...

TARTANAC. Oh! ne me faites pas languir. Vite... parlez... expliquez-vous! (*Marie lui parle à voix basse.*)

MICALEFF, *regardant les préparatifs.* C'est bien... c'est très-bien.

TARTANAC. Est-il possible!... Ah! le bon Dieu se déclare pour nous!... il sera sauvé.

MICALEFF, *à Marie et à Tartanac.* Ah çà, voyons maintenant à nous entendre sur le parti que nous prendrons... (*Une musique se fait entendre.*) Voici le cortége... Alerte... Alerte... Venez!... Allons causer plus loin ..

SCÈNE VI

CATHERINE II, LE COMTE PANIN, GÉNÉRAUX, OFFICIERS, SEIGNEURS, DAMES D'HONNEUR.

CHOEUR.

Que des chants d'allegresse,
Que des transports d'amour,
Dans ce jour plein d'ivresse,
Eclatent tour à tour.
Dans sa bonté divine
Demandons au seigneur
Pour notre Catherine,
Toujours gloire et bonheur!

CATHERINE, *entrant, à Panin.* Comte, hâtez-vous de faire exécuter les ordres que j'ai donnés. C'est ici que j'attendrai...

BALLET.

SCENE VII.

LES MÊMES, *puis* MICHAEL, PANIN, MARIE, TARTANAC, *amenés par un officier.*

PANIN, *à Michaïl.* Venez, lieutenant Michaïl...

MICHAEL. L'Impératrice!... la cour!... (*Apercevant Marie.*) Marie...

MARIE. Michaïl!... (*Apercevant Catherine.*) L'Impératrice!!... (*Elle tombe à ses genoux.*) Ah! madame que de reconnaissance!

L'IMPÉRATRICE. Je n'avais point à faire grâce, mademoiselle, c'est un acte de justice que j'ai accompli... Oui, châtiment pour les traîtres, mais récompense et honneur pour la fidélité. Lieutenant Michail, vous êtes libre.

MICHAEL *et* MARIE, *s'inclinant.* Madame!..

CATHERINE, *à Michaïl.* Votre père souffre... allez le rassurer...

TARTANAC. Ah! grande souveraine, recevez le tribut de mon admiration... Je voudrais être Russe si je n'étais Gascon.

TOUS. Vive Catherine!...

FIN.

PARIS. — Imprimerie de madame veuve DONDEY-DUPRÉ, rue Saint-Louis, 46, au Marais.

Paris. — Imprimerie de Mme Ve Dondey Dupré, rue Saint-Louis, 46, au Marais.

www.ingramcontent.com/pod-product-compliance
Ingram Content Group UK Ltd.
Pitfield, Milton Keynes, MK11 3LW, UK
UKHW020217180726
13838UKWH00005B/2044